Petite vie
de
sainte Claire

JACQUELINE GRÉAL

Petite vie
de
sainte Claire

Desclée de Brouwer

CRÉDIT PHOTOGRAPHIQUE

P. 8, photo Leonard von Matt - P. 11, Éditions DACA, Assise - P. 17 et 59, Éditions franciscaines - P. 28, dessin de Cassegrain (Jeanne Ancelet-Hustache), *Il était une fois Assise*, Éditions franciscaines, Paris, 1952 - P. 39, Casa Editrice Francescana, Assise - P. 49, reportage photographique Yann - P. 53, droits réservés - P. 73 et 77, aquarelles du Père Subercaseaux Errazuriz (*Saint François of Assisi*, Franciscan Herald Press, 1976).

© Desclée de Brouwer, 1991
76 *bis*, rue des Saints-Pères, 75007 Paris
ISBN 2-220-03178-0
ISSN 0991-4439

1. Place Saint-Rufin

Dans la maison de mon père

1194. Assise. Au temps d'Henri VI, empereur romain germanique, et de Célestin III, pape, le chevalier Favarone fait baptiser Claire, son premier enfant, en la cathédrale Saint-Rufin, sa paroisse. Cette même année 1194, la nuit de la Saint-Jean apôtre, quinze évêques entourent les mêmes fonts pour le baptême de Frédéric de Staufen, futur Frédéric II. Douze ans auparavant, Pierre Bernardone, marchand, y portait son fils Jean, Jean-Baptiste, communément dit François. Dans Saint-Rufin, au fond de la place, la cuve du baptême des trois enfants est toujours là, à droite en entrant.

On laisse la cathédrale, son monde de chanoines et son évêque Guido, et à deux pas c'est la maison de Favarone, grande et solide. Toute une famille

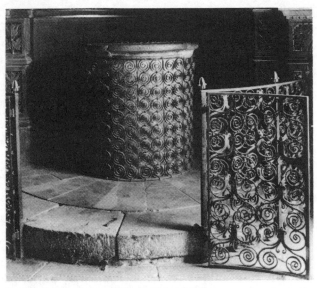

Baptistère de la cathédrale Saint-Rufin.

s'y retrouve, résidents permanents ou de passage :
le grand-père Offreduccio et ses fils : Favarone
lui-même, avec femme et filles, et ses frères,
Monaldo, Scipion, Paolo, Ugolino et leurs propres
enfants, en tout « sept chevaliers ». Un homme
d'armes, Giovanni di Ventura, veille à la grande
porte. On traverse la place, moins profonde
aujourd'hui, et l'on est chez les sœurs Bona et
Pacifica di Guelfuccio, parentes de Favarone et
amies de sa femme. Autre voisin connu, Pietro
di Damiano. Un tissu très serré de proches, « qui

voient tout » et feront d'excellents témoins une soixantaine d'années plus tard.

Mais Favarone lui-même ? Noble, grand et puissant dans la ville, les sources ne nous en apprennent rien de plus, et cela ne permet guère de le « voir ». C'est sans lui que sa jeune femme Ortolana voyage au loin, par terre et par mer. Sans lui qu'elle reçoit ses amies et parentes, comme Pacifica qui déposera au procès que lorsqu'elle allait chez les Favarone « elle ne voyait pas le père ». Sans lui surtout, et c'est beaucoup plus étonnant, que son bouillant frère Monaldo et ses fils tenteront d'arracher leurs nièces et cousines Claire et Catherine à la vie religieuse. Et pourtant Favarone, cet invisible, est bien vivant à l'époque puisqu'il aura ultérieurement un troisième enfant, Béatrice.

Sans doute ces absences peuvent-elles s'expliquer, l'une par la position sociale de Favarone, qui peut lui interdire de quitter Assise pour un voyage de plusieurs mois, l'autre par un manque d'attrait pour le cercle des amies et parentes, la « chambre des dames », pieuse et raffinée. On peut encore supposer chez lui une déception profonde : deux filles, puis une troisième, et pas un seul fils, quand ses quatre frères engendrent pour leur succéder tout un bataillon de garçons. Quoi qu'il en soit, Favarone nous reste à peu près invisible et l'on regrette de ne pas connaître mieux celui auquel devait ressembler

9

Claire « au beau visage » et que le premier elle appela père.

Nous en savons bien davantage sur sa mère Ortolana, la Jardinière, dont le nom, comme celui de Claire, a prêté à mille jeux d'un symbolisme charmant et précieux. Une femme profondément pieuse, énergique, conciliant la tenue de sa maison, le service de Dieu et la visite des pauvres. Indépendante aussi jusqu'à un certain point, puisqu'elle accomplit en la compagnie de sa parente Pacifica, et non de Favarone, les pèlerinages de Jérusalem, de Saint-Michel au mont Gargan et du Tombeau des Apôtres à Rome.

Enceinte pour la première fois et malade d'angoisse, elle s'entend révéler que son enfant sera « une grande lumière pour un grand nombre », et elle revendique alors pour sa petite fille, contre le gré de la famille, le nom de Claire. Plus tard, devenue veuve, elle rejoindra ses trois filles dans la vie religieuse et mourra avant 1238 auprès d'elles au monastère de Saint-Damien, on imagine dans quelle atmosphère de sainte tendresse. En attendant, elle élève ses filles, et les instruit : les écrits que nous avons de Claire elle-même et de sa sœur Catherine, devenue Agnès, sont d'un beau style. Elle les prépare aussi à la tenue d'une maison, et de fait les aînées en auront une à diriger. Mais surtout elle leur enseigne à aimer et servir Dieu, dans la prière et le service des pauvres.

Assise, place Saint-Rufin.

Claire grandit ainsi entre maison et église, ne quittant la place Saint-Rufin que pour quelques semaines dans la propriété rurale de Coccorano. Rien ne paraît devoir la distinguer des autres petites filles riches et nobles de l'époque. Qu'elle ait compté ses Pater avec de petits cailloux et se soit privée de douceurs pour les orphelins pauvres, c'est de tradition chez les bons petits enfants chrétiens et ne mène pas nécessairement à une sainteté hors du commun.

Les deux glaives

Pourtant, dès sa petite enfance Claire va être en contact avec le mal et le malheur, et cela parce que riche et noble. Elle va voir la violence sur la place et dans les rues et entendre dans la maison même de son père cris de colère et paroles haineuses. Elle va trembler sur la route de l'exil au fond des litières ou des chariots entourés par les hommes d'armes.

C'est qu'elle est née à une période de changements sociaux et politiques où les équilibres européens hérités du haut Moyen Age sont soumis à de puissantes secousses, spécialement en Italie. L'empereur et le pape s'y disputent le pouvoir, temporel et spirituel, armés chacun des plus théologiques raisons. Les villes, guelfes pour le pape, gibelines pour l'empereur, changent de camp selon l'occupant du moment, et s'entre-déchirent. Au sein même de chacune, les grands, les *maiores*, en fait surtout des nobles, riches en terres, sont menacés par les prétentions des petits, les *minores*, bourgeois et artisans, riches en écus. Il y a grande pitié sur la belle terre d'Italie. A l'autre bout de la Méditerranée, accompagnant et provoquant pour une bonne part les soubresauts de l'Europe, Latins, Byzantins et Musulmans continuent à se pourfendre pour l'amour de Dieu.

Ces bouleversements des XIIe et XIIIe siècles, comment les vit-on à Assise et chez les Favarone ?

Ville d'Empire relevant du duché de Spolète, Assise est partagée en deux camps principaux. Ses *maiores*, du type Favarone, sont favorables au *statu quo* et au maintien de l'occupant germanique, tandis que ses *minores*, du type Pierre Bernardone, aspirent davantage à l'indépendance politique et économique qu'à un rattachement aux États pontificaux.

En 1177, Conrad de Lutzen, lieutenant de l'empereur Barberousse, s'installe dans la forteresse, la Rocca, qui protège et menace de haut la ville et la vallée. Suivent une dizaine d'années de calme relatif. C'est pendant cette période qu'ont lieu les mariages des parents de François et de Claire. Bernardone épouse la Française Pica, d'où le surnom du petit Jean-Baptiste, Francesco. Un peu plus tard Favarone épouse Ortolana.

Jérusalem, Jérusalem !

Survient, le 2 octobre 1187, un événement lointain, mais aux répercussions profondes en chrétienté : Saladin s'empare de Jérusalem. Pour reprendre la Ville sainte, le pape Grégoire VIII, l'Allemand Barberousse, le Français Philippe-Auguste et l'Anglais Richard Cœur-de-Lion se lancent dans une croisade, qui échoue : Jérusalem n'est pas délivrée. C'est la fin du Royaume latin. Une consolation dans ce désastre : le 2 septembre

1192, Saladin octroie aux chrétiens une trêve de trois ans permettant aux pèlerins sans armes l'accès aux Lieux saints.

Cette prise de Jérusalem, cité de tous les rêves de la chrétienté, fut très douloureusement ressentie en Europe. Le pape ordonna des prières spéciales, dont le psaume : « Dieu, les nations ont envahi ton patrimoine, souillé ton temple saint, et ravagé Jérusalem. » Place Saint-Rufin, Ortolana, jeune mariée, dut en répéter douloureusement les versets : « Aide-nous, Dieu notre sauveur, pour la gloire de ton nom ; que la plainte des prisonniers parvienne jusqu'à toi ; et nous, ton peuple, nous pourrons te célébrer toujours... » Aussi, dès l'annonce de la trêve elle prend la route de cette Jérusalem bien-aimée, « pour cause de prière et de dévotion » dira sa compagne Pacifica. Et pour demander la grâce de la maternité ?

Partie au plus tôt au début du printemps 1193, Ortolana a pu revenir à Assise vers la fin de l'été de la même année, et c'est en juin ou juillet 1194 que Claire a pu naître. Chronologie vraisemblable, mais ce qui compte plus que les dates, c'est le climat d'amour pour le Christ, de pénitence réparatrice, d'appel au salut, dans lequel Ortolana a élevé ses filles, rien qu'en leur racontant « sa » Terre sainte, et en leur faisant répéter à leur tour le psaume : « Aide-nous, Dieu notre sauveur, pour la gloire de ton nom... »

Autre événement, aux répercussions de première importance pour Assise et les Favarone, Barberousse est mort en Terre sainte pendant la croisade. Lui succède Henri VI « le Cruel » et c'est le commencement d'un soulèvement général de l'Italie contre l'Empire. Les communes s'emparent des forteresses de l'occupant, et les papes en profitent pour essayer de les ranger à leur propre pouvoir.

Du coup à Assise l'histoire se précipite : en 1200, Innocent III demande à Conrad de Lutzen de lui livrer la Rocca : Conrad trahit son empereur et se rend à Narni auprès des légats pontificaux pour faire hommage au pape de son duché de Spolète. Absence fatale dont les Assisiates profitent pour envahir la Rocca : l'empereur ne l'aura plus, mais le pape ne l'aura pas. Un gouvernement communal s'installe, qui, des pierres même de la citadelle, fait ériger un mur d'enceinte. Assise est enfin indépendante. Pour le meilleur : la liberté, commerciale surtout ; et pour le pire, la lutte des factions et les représailles contre les féodaux. Incendies, pillages, confiscations, démolitions, meurtres : la face horrible des révolutions. Ceux qui peuvent y échapper s'exilent et les Favarone s'installent, sans doute d'abord dans leur propriété de Coccorano, puis à Pérouse, la rivale d'Assise, avec leurs deux petites filles, Claire, qui a six ans, et

Catherine sa cadette. A Pérouse elles ont pour amie très proche, puisqu'elles habitent la même maison, une petite Benvenuta, qui les suivra toute leur vie et déposera au procès.

L'année suivante, en 1201, Pérouse, fidèle au pape, déclare la guerre à Assise, et remporte bientôt une victoire dans la plaine entre les deux cités, au pont Saint-Jean. De nombreux Assisiates sont fait prisonniers, et parmi eux François Bernardone, qui a vingt ans ; il va pouvoir réfléchir sur sa vie passée et future. En novembre 1203, première paix. Les prisonniers et les exilés retrouvent Assise, François ses rues joyeuses, et les Favarone leur place Saint-Rufin. Mais les divers camps continueront à se déchirer jusqu'en 1210. Au milieu de ces bouleversements, Claire apprend à établir son cœur là où sont les vraies joies.

L'héritière

La petite fille a grandi. Les témoins de cette époque nous la montrent belle, douce, discrète, jusqu'à l'effacement. Elle prie, sans petits cailloux, seule et avec son cercle d'amies. A Saint-Rufin elle s'imprègne de la prière de l'Église et écoute les prédicateurs avec plaisir, intérêt ou bienveillante patience. Elle continue à secourir les pauvres. Dans tout cela encore, même si « elle sent lui monter au cœur les premiers élans du plus haut

Assise : la ville vue du chemin des *Carceri*.

amour », rien vraiment qui ne soit dans la ligne
commune des jeunes filles de son milieu et de son
éducation.

Mais, et là ses parents doivent commencer à
s'inquiéter, elle jeûne plus qu'il n'est requis. Mais
sous ses vêtements elle porte une sorte de cilice,
une camisole de laine très rude, blanche. Que ce
détail nous soit donné, comme tous les précédents,
par l'homme d'armes des Favarone, montre que
la conduite de Claire, pour en arriver à être

commentée par les serviteurs, a dû produire chez les siens au moins un certain désarroi, sinon des discussions irritées. Dans sa classe sociale les femmes sont « un bien rigoureusement subordonné au bien primaire, la terre ». On comprend que « son père, sa mère et ses autres parents », et même un voisin, qui déposera au procès, s'inquiètent de la trop grande piété de la jeune fille et se mettent en quête de beaux partis, qu'ils trouvent facilement. D'où le conflit classique car la douce Claire est têtue et refuse les prétendants, peut-être sans savoir tout de suite que c'est du mariage qu'elle ne veut pas.

Pouvons-nous dès cette époque tenter une esquisse de sa personnalité ? Pureté, droiture, douceur, humilité, bonté, ce sont les termes les plus fréquents dans la bouche des témoins qui l'ont connue enfant et jeune fille. Son amie Bona ajoute qu'« à dix-huit ans environ, c'était une jeune fille d'une grande maturité d'esprit ». Ajoutons à toutes ces vertus un grand charme, né de l'équilibre de ses dons : cœur passionné et volonté ferme, imagination vive et intelligence lucide, spontanéité et réserve, énergie et douceur, Claire se montrait « toujours gracieuse », et elle le resta jusqu'à sa mort, enchantant jusqu'aux papes et aux évêques.

2. Hors les murs

Dieu en Ombrie

Que fera donc Claire, si elle refuse le mariage ?
Des formes de vie religieuse, le début du XIIIᵉ
siècle en offre une grande diversité : ordres anciens
et leurs nouveaux surgeons, bénédictins, cisterciens, chanoines réguliers, ermites. Dans une autre
ligne, les mouvements de « vie apostolique et évangélique », hérétiques ou non, avec leurs prédicateurs itinérants, qui mettent l'accent sur la pauvreté
du Christ. Il en va de même pour les femmes, avec
toute une floraison de béguines et de recluses,
vivant soit en communauté, soit solitaires à
l'ombre d'une église ou dans leur propre maison.

A Assise même, ou non loin, on compte les
bénédictins du Subasio et ceux de Saint-Pierre de
Pérouse, les bénédictines de Saint-Paul des
Abbesses et celles de Saint-Ange de Panzo, les

antonins de l'hospice Saint-Sauveur. Il y a même pour les hérétiques, les « patarins », un évêché cathare à Spolète.

Mais la grande nouveauté, c'est une « fraternité », un groupe d'hommes réunis autour de François Bernardone. On les voit travailler de leurs mains chez les uns et les autres, aider à soigner les lépreux. Quand le travail vient à manquer, ils mendient. L'évêque Guido les soutient et les bénédictins leur ont concédé un lopin de terre dans la vallée, la Portioncule, autour d'une toute petite chapelle, Sainte-Marie-des-Anges. Ils sont très pieux et très humbles. Revenus de Rome tout heureux de l'approbation verbale de leur Règle par le pape, ils ont pris le nom de « Frères mineurs ».

Le messager

Qui parle de François à Claire ? Son cousin Rufin sans doute, avant de se joindre à la nouvelle fraternité. Vraisemblablement aussi l'évêque Guido, ami à la fois des Favarone et des frères, et garant de l'orthodoxie du groupe. Mais certainement les gens d'Assise, et en premier lieu ces pauvres et ces malades visités par Ortolana et ses filles.

Enfin, François lui-même. Claire l'a sans doute aperçu plus d'une fois dans Assise depuis son

enfance, « prince de la jeunesse » devenu men-
diant pour l'amour de Dieu. Et maintenant elle
l'écoute dans la cathédrale où Guido l'a invité à
prêcher les dimanches de carême : sermons brefs,
sans autre ornement qu'une brûlante ferveur. Elle
lui envoie des aumônes. Peu à peu son envie
grandit de faire sa connaissance. « Elle était
poussée en cela par le Père des Esprits, dont lui
comme elle, bien que différemment, avaient déjà
perçu les premiers appels. »

Et François, qui lui a parlé de la jeune fille ?
Les mêmes : Guido, Rufin, les pauvres et les
malades. Mais avant eux et dès sa propre entrée
dans la vie pénitente, un autre témoin, véridique
entre tous, l'Esprit de Dieu, la lui a fait obscu-
rément entrevoir.

C'était en 1206. Dans la proche campagne
d'Assise il commençait à réparer l'église Saint-
Damien, et il chantait en français, langue de ses
heures de grande joie spirituelle. Entre deux coups
de truelle lui vint tout à coup aux lèvres une
chanson prophétique. A travers le latin de la
Légende des Trois compagnons on a tenté d'en
reconstituer le texte :

> Venez m'aider à l'œuvre Saint-Damien
> Qui deviendra moûtier de Pauvres Dames.
> Par chrétienté leur bonne vie et fame *[renom]*
> Glorifiera le Père célestien.

On le voit, Claire et ses sœurs étaient déjà mysté-
rieusement en route vers Saint-Damien. Quand

François entendait l'éloge de la jeune fille, la chanson devait hanter son esprit et « il ne désirait pas moins qu'elle la voir et lui parler ».

Ce désir de François est remarquable pour un homme dont la réserve était telle vis-à-vis des femmes qu'il disait plus tard ne connaître le visage que de deux d'entre elles. Sa mère exceptée, il ne peut guère s'agir que de son amie de Rome, Jacqueline de Settesoli, et de Claire.

L'origine de cette réserve réside sans doute dans une douloureuse expérience de sa fragilité personnelle et dans le souci de l'exemple à donner aux frères. On pourrait aussi y déceler une trace de l'antiféminisme de certains auteurs chrétiens. On peut y voir tout autant un sens très raffiné de la dignité de la femme Épouse du Christ. L'effet aussi de l'idéalisme courtois : un chevalier ne peut servir qu'une Dame, et François en a déjà une, Dame Pauvreté, particulièrement exigeante.

Il proposa un jour aux frères une parabole caractéristique de sa propre attitude, celle du Roi qui envoya deux messagers porter un message à la Reine. A leur retour de mission, seul fut admis à entrer dans les appartements royaux et dans la joie du Seigneur celui qui s'était contenté de délivrer le message confié, sans avoir levé les yeux sur la Reine et sans pouvoir dire si elle était belle.

Comme bien souvent chez François, cette sévérité de principes et de conduite connaît des nuances, des contradictions, des exceptions, où

Saint François soutenant l'église du Latran.

la Loi et l'Esprit argumentent. Ainsi, à la veille
de mourir il est vrai, il fait appeler de Rome dame
Jacqueline, et quand elle arrive à la Portioncule
et que les frères s'opposent à son entrée dans la

clôture, il affirme que « la Règle n'est pas faite pour notre frère Jacqueline ». Effarement des scrupuleux, jubilation des laxistes ! En ce qui concerne Claire, nous verrons que sa réserve connaîtra moins d'atténuations.

Le message

Mais aujourd'hui, par les chemins de campagne, François, accompagné de frère Philippe, qui est prêtre, monte vers Assise et vers Claire. Claire, accompagnée de Bona, sa voisine, parente et amie, franchit la porte de la cité et descend vers François. A l'ombre légère des oliviers, entre les vignes, au bord d'un ruisseau, à l'abri d'une chapelle, ils se rencontrent et se saluent courtoisement, dans le dialecte ensoleillé du Cantique des créatures.

François a vingt-huit ans, derrière lui une jeunesse plutôt étourdie (« Quand j'étais dans les péchés »... dit-il dans son testament) et cinq ou six ans de vie pénitente. Claire a seize ans, et sort pure et grave de la maison de son père. Ils se regardent et se reconnaissent. Certes leurs rôles seront bien définis par leurs biographes et par eux-mêmes : François est le père, le maître, le jardinier ; Claire, la fille, la disciple, la « petite plante ». Il est l'homme, le feu et le vent, elle est la femme, l'eau, la terre et les étoiles, « claires et belles », du Cantique du Soleil. Mais au-delà des images, des symboles et des catégories, au-delà de leur histoire personnelle, ils sont du même sang spirituel, ils sont liés par cette fraternité sainte qui transcende les différences en les épanouissant.

Ce sont tous deux des passionnés. « Seigneur, que je meure par amour de ton amour ! » s'exclame François, et Claire lui fait écho : « Avec quel élan passionné de l'âme et du corps ne devons-nous pas accomplir ce que nous demande Dieu notre Père ? » Ce sont tous deux des purs, des extrémistes, qui déduisent et vivent logiquement les conséquences de leurs choix. Ce sont aussi tous deux des heureux, des jubilants : ils connaissent leur bonheur et ils le chantent.

Peut-être la touche propre de Claire est-elle dans un plus grand équilibre nerveux : on la voyait toujours « joyeuse dans le Seigneur et *jamais troublée* ». François n'a pas connu cette constante égalité d'humeur.

« *Elle est prise, la noble proie !* »

Ils vont se rencontrer ainsi pendant deux ans environ, entre 1210 et 1212, à l'insu des parents de Claire et à intervalles soumis à l'activité missionnaire de François.

Claire parle des siens et d'elle-même. De son peu d'attrait pour le mariage. De sa vie de prière et d'aumône. De son admiration pour son cousin

Rufin. De la question enfin qui se pose à elle :
« Que faut-il que je fasse ? »

François, lui, « en un langage vigoureux »,
déploie devant elle « le panorama des joies éter-
nelles ». Il lui parle du Christ, Serviteur souffrant,
pauvre et crucifié, et de la vie « selon la forme
du saint Évangile ». Elle écoute et reçoit « d'un
cœur fervent tout ce qu'il lui enseigne sur le Christ
Jésus ». Il joint à la parole l'exemple de sa jeune
fraternité et raconte ses débuts. Lui aussi connut
l'incertitude et, personne ne venant à son aide,
c'est à Dieu lui-même qu'il posa la question que
Claire lui pose maintenant à lui : « Que faut-il
que je fasse ? »

La réponse, il va la lui transmettre, loyal
messager, pour lequel seuls comptent le Roi et son
message. La voie de Claire, c'est la suite du Christ
dans la pauvreté. Et elle acquiesce joyeusement.
« Elle est prise la noble proie ! »

La route de Saint-Damien

Sur les suites immédiates de cette décision, les
sources ne nous donnent que peu de détails. Rien
non plus sur les intentions précises de François
et de Claire quant au futur mode de vie de la jeune
fille et la formation possible d'une nouvelle
communauté. Mais il paraît impossible qu'ils

n'aient pensé dès le début au petit sanctuaire de Saint-Damien.

Pour François, c'est le lieu saint où le Crucifié lui a dit : « Va, François, répare ma maison qui tombe en ruine ! » Chassé par son père, il s'y est abrité un temps auprès du vieux prêtre desservant, auquel il a donné de quoi alimenter d'huile une lampe devant le crucifix. Il en a réparé les murs avec des pierres mendiées, sans discerner encore toute la portée de l'ordre reçu. Là enfin, il s'en souvient devant Claire, doivent vivre les Dames de sa chanson. Comment ne verrait-il pas dans cette jeune fille l'accomplissement de la prophétie, comment Claire pourrait-elle ne pas cristalliser autour de Saint-Damien son désir de vie religieuse ?

Pour y arriver quelques détours vont se révéler nécessaires. Les textes n'en indiquent pas toujours les motivations, mais elles sont assez évidentes.

Très attaché à vivre, non seulement « selon la forme du saint Évangile », mais aussi « selon la forme de l'Église romaine », François a dû parler très vite de Claire avec l'évêque Guido, qui les aime tous deux, les admire et voit en eux l'ornement et l'espoir de son église. De son côté Claire elle-même a dû parler à l'évêque de son aspiration à la pauvreté selon François. Prudence et enthousiasme conjugués, Guido aura envisagé les possibilités. Il n'est pas question de faire mener à la jeune fille la vie matérielle des frères. Une vie bénédictine, ou cistercienne, peut-être, mais cela dans

Saint François restaure Saint-Damien.

la perspective d'une fondation possible à Saint-Damien ?

Au bord d'un chemin qui dévale vers le sud, à une demi-lieue des murailles d'Assise, sans guère de fermes aux alentours, Saint-Damien n'est pas une paroisse, mais un ancien sanctuaire, du VIIIe ou IXe siècle. On y vénère le saint frère de Côme, Damien, tous deux médecins désintéressés des âmes et des corps et tous deux martyrs, dont on fait mémoire au canon de la messe. Dévotion suscitée peut-être ou renforcée par la présence, un peu plus loin sur la route, de l'hospice des lépreux. Depuis la moitié du XIIe siècle le sanctuaire abrite un grand crucifix, celui-là même qui parla à François. Le Christ y fixe de ses grands yeux calmes ceux qui l'ont crucifié. Au croisement de la misère humaine et de la miséricorde divine, c'est vraiment un lieu pour intercéder, LE lieu de Claire !

En attendant qu'une solution satisfaisante soit trouvée pour le vieux desservant actuel de Saint-Damien, la jeune fille pourrait être accueillie dans une des abbayes des environs, Saint-Paul par exemple, à une petite lieue sur la route de Pérouse. Provisoirement, mais surtout immédiatement, car la tension s'accroît chez les Favarone.

Le dimanche des Rameaux

La décision est prise, les bénédictines conciliées, la date fixée : ce sera la nuit entre le dimanche des Rameaux et le Lundi saint de cette année 1212. Le lieu : d'abord chez les frères à la Portioncule pour la prise d'habit, puis la même nuit à l'abbaye Saint-Paul.

Le matin des Rameaux, pour la dernière fois Claire entre dans son beau Saint-Rufin, splendidement vêtue et étincelante de bijoux, selon la recommandation expresse de François, comme si avec l'entrée du Christ à Jérusalem la fête devait marquer l'entrée de la jeune fille « dans le palais du Grand Roi ». Non loin de l'autel où Guido vient de commencer la bénédiction des palmes, le grand-père Offreduccio est entouré de ses fils et de ses petits-fils. Près de Claire, Pacifica et Bona, qui connaissent son projet, Catherine, qui pour le moins le devine, Ortolana, qui ne peut pas ne pas le pressentir.

Mais Claire ? Tendue à se briser, elle est submergée de tendresse, de chagrin et d'angoisse. Si bien que lorsque tous se pressent pour aller recevoir leur palme bénie, elle reste figée sur place, incapable de bouger. Guido alors, ému et inquiet de cette détresse, descend les marches de l'autel et va en personne lui porter avec sa palme réconfort et paix. Claire revient à elle et se joint à la procession des « enfants des Hébreux » chantant le joyeux Hosanna.

La scène est brève, presque inaperçue sans doute dans la cohue, et sans importance apparente pour ce qui suivra. Mais déjà la vie de Claire y offre cet aspect très visuel de *jeu* dramatique, si net chez François, où une destinée humaine se joue, au

30

double sens du terme, comme un cheminement à la rencontre du Christ, avec en arrière-plan la croix et au pied de la croix l'Église, toute tendresse et compassion.

« *Je me lèverai et parcourrai la ville* »

La lourde journée a passé, la nuit est enfin venue, la maison dort. Claire, évitant l'entrée gardée par l'homme d'armes, dégage sans bruit une petite porte obstruée, et la voici dehors, en pleine nuit. Seule ? En « honnête compagnie » *(honesta societas)*, dit Celano, ce qui peut laisser supposer ou bien une escorte de quelques frères, ou seulement une amie, ou bien un groupe comportant à la fois frères et amie, ce qui paraît plus vraisemblable.

Silencieux et rapides, ils ont passé les murailles et descendent vers la Portioncule. Une faible lueur de flambeaux éclaire la chapelle Sainte-Marie-des-Anges, où François attend avec les autres frères. Un bref accueil affectueux et la cérémonie commence de l'entrée de Claire dans la vie religieuse. Cérémonie surprenante : François, qui n'est que diacre, fait s'engager dans la vie religieuse à l'insu des parents une jeune fille sans formation régulière, qui va vivre, au moins provisoirement, chez des bénédictines, dont aucune n'est présente ! Si l'irrégularité du procédé est surtout frappante pour notre époque, elle est pourtant réelle, ce qui montre qu'il s'agit là d'un cas d'exception vu comme tel par tous les intéressés et pour lequel Guido a dû donner toutes les dispenses et délégations nécessaires.

François agit donc en représentant de Dieu et de l'Église et c'est comme tel que Claire lui promet obéissance et s'entend promettre en échange les richesses de la vie éternelle. La voici revêtue de pauvres hardes, ceinturée de corde, pieds nus. Mais surtout la voici tondue, ce qui la désigne à tous comme d'Église, mise à part pour Dieu.

Deuxième route dans la nuit et accueil à l'abbaye Saint-Paul, abri sûr et amical. C'est le matin du Lundi saint.

« Ils m'ont frappée, ils m'ont blessée ! »

Pendant ce temps à Assise, la place Saint-Rufin entre en ébullition : on sait bientôt où est Claire, les femmes se taisent anxieuses, les hommes tempêtent et se jettent à cheval sur la route de Saint-Paul.

Au matin des Rameaux, Claire touchait le fond de l'abîme, pauvre enfant tremblante devant le sacrifice. Aujourd'hui, quand elle voit entrer dans la chapelle le bruyant escadron familial, c'est en femme énergique qu'elle défend sa liberté, son choix et sa nouvelle qualité. Non par des discours, mais par un acte symbolique : elle dévoile sa tête rasée et saisit les nappes de l'autel. L'en arracher serait risquer l'excommunication, mieux vaut tourner bride et aller interpeller Guido.

Suivent quelques jours de répit, occupés à Saint-Paul par les grands offices de la Semaine sainte et les travaux ordinaires de l'abbaye. Claire en s'unissant à la Passion du Christ a tout loisir de vérifier qu'elle n'est pas faite pour la vie bénédictine. De nouvelles difficultés avec les Favarone doivent d'ailleurs avoir surgi, puisque l'abbesse, Guido et François organisent le départ de Claire pour Saint-Ange de Panzo, l'autre abbaye sur les flancs du Subasio. Passent encore quelques jours, seize en tout depuis les Rameaux, et une grande joie est accordée à Claire : Catherine, sa sœur tendrement aimée, la rejoint dans les Alleluias de Quasimodo : « Comme des enfants nouveau-nés, désirez ardemment le pur lait spirituel !... La victoire qui triomphe du monde c'est notre foi ! »

Catherine est plus jeune que Claire et elle n'est pas encore « tondue », aucune excommunication n'est donc à craindre cette fois. Aussi la parenté arrive-t-elle de nouveau à bride abattue, avec en tête un Monaldo éructant, sûrs de leur bon droit. Ils se saisissent de la pauvre enfant sanglotante et la traînent par les cheveux hors de l'abbaye, en la rouant de coups. Claire crie vers Dieu, — et soudain au bord d'un ruisseau la mince Catherine

se fait lourde comme plomb : ni la horde fami-
liale ni les paysans appelés à la rescousse ne
peuvent la mouvoir. Piteux devant le miracle, les
brutes acceptent enfin la défaite et se retirent.

« L'hiver est passé, c'en est fini des pluies »

François dès qu'il fut averti vint « tondre »
Catherine à son tour et à cette occasion changea
son nom en celui d'Agnès « parce qu'elle avait
courageusement combattu pour l'Agneau innocent, c'est-à-dire Jésus-Christ ». Enfin libres de
vivre à leur guise les deux sœurs vont désormais
de joie en joie. Des amies de toujours veulent les
rejoindre. Et d'abord Pacifica, compagne de pèlerinages de leur mère et donc nettement plus âgée
que les jeunes filles. On peut penser qu'Ortolana
fut heureuse de la savoir près de ses filles, et peut-
être l'envia-t-elle dès ce moment. S'annonce aussi
pour septembre Benvenuta, très proche d'elles par
l'âge, dont les parents avaient accueilli les Favarone à Pérouse pendant la guerre. Claire, Agnès,
Pacifique, Bienvenue, si les noms reflètent les êtres,
quels meilleurs présages ?
Son séjour chez les bénédictines représenta
certainement pour Claire dans sa brièveté une
initiation en profondeur aux valeurs fondamen-
tales de la vie monastique. Elle y entendit le conseil
de Benoît : *Ora et labora*, prie et travaille ! et son

34

invitation à la paix : *Pax!* François, qui lui-même avait séjourné chez les bénédictins au début de sa conversion, complète le souhait : *Pax et bonum*, ou encore : *Pax et gaudium!* La paix et LE bien, tous les biens, la paix, la joie!

Les bénédictines de leur côté ont dû apprécier la jeune fille. Quarante ans plus tard, une moniale de Saint-Paul déposera avoir assisté en esprit aux derniers moments de Claire, qu'elle n'aura sans doute jamais revue entre-temps. Quant à la communauté bénédictine de Panso, elle adopta dès 1238 la Règle des damianites.

Enfin, Saint-Damien est vacant et Guido peut l'offrir à la jeune communauté. Dans le courant de l'été les frères viennent chercher les jeunes filles. Pour la dernière fois, elles foulent les sentiers sous les murs d'Assise. La porte de Saint-Damien s'ouvre devant elles.

3. Saint-Damien

Le palais du grand Roi

Toutes les pierres d'Assise parlent de François et de Claire, mais trois lieux plus que tous les autres, ceux de leur commencement et de leur fin : la petite église Notre-Dame-des-Anges, Saint-Damien, et la tombe de François au creux de sa basilique. Parmi eux Saint-Damien, presque inchangé dans sa campagne, est peut-être le plus directement évocateur. Même restauré au cours des siècles, même agrandi, même habité non plus par les sœurs de Claire, mais par les frères de François, même ouvert au bruit des visiteurs, le petit sanctuaire n'a rien perdu de son charme. Un charme fait de sa petitesse même et de son ombre fraîche où la fatigue se dilue.

Tel que Claire et ses compagnes l'aimèrent, lorsque regardées du fond de l'abside par la Mère de Dieu, par saint Rufin et par saint Damien, elles se furent avancées jusqu'à l'autel pour s'agenouiller avec François et les frères devant le grand crucifix. Le tour du propriétaire fut vite fait. Attenants à l'église, l'ancienne et très modeste maison du desservant et quelques appentis ; un puits et un bout de terrain pour les légumes et les arbres fruitiers : c'était là primitivement tout le « palais du Grand Roi ». Le nombre des sœurs croissant rapidement et leur vie se structurant selon une forme monastique, des aménagements furent bientôt nécessaires : chœur, oratoire intérieur, ouvroir, dortoir, cuisine, réfectoire, infirmerie, cloître. D'après ce qui subsiste, les dimensions en étaient très modestes.

Rapidement aussi il fallut assurer sécurité et tranquillité par un mur d'enceinte et par l'instauration de la clôture intérieure, matérialisée entre chœur et nef par une grille doublée d'un rideau et par de semblables dispositions pour le parloir. Cette clôture semble d'ailleurs avoir été assez souple dans les premières années.

« *Une branche d'aubépine au printemps* »

Le *Procès de canonisation* donne le nom, l'origine et l'époque approximative d'entrée à Saint-Damien des quinze sœurs appelées à témoigner. Sauf deux, elles comptent toutes entre

Crucifix de Saint-Damien qui parla à saint François.

vingt et quarante ans de vie religieuse. C'est dire que mise à part Pacifica qui avait largement dépassé la trentaine, elles étaient de très jeunes filles lorsqu'elles se joignirent à Claire, les deux Agnese, les deux Balvina et les deux Benvenuta, Amata et Angeluccia, Cecilia, Christiana et Christina, Francesca, Lucia et Philippa. « Une branche d'aubépine au printemps », dit Celano. Lucia était même encore une petite fille, *mammola*. Quatre au moins étaient apparentés à Claire, ses deux sœurs et deux « nièces selon la chair », et leur mère Ortolana les rejoindra après la mort de Favarone. Les autres venaient elles aussi de familles nobles ou bourgeoises, semble-t-il, telle Agnès d'Oportulo, fille du podestat d'Assise. « Méprisant leurs somptueux palais, elles regardaient comme un grand honneur de vivre pour le Christ sous le cilice et la cendre. »

« *La chambre aux parfums* »

Très vite en effet le petit groupe cristallise l'aspiration des femmes d'Assise et des environs à une vie plus donnée à Dieu. « Les femmes accourent de partout. Celles qui ne peuvent entrer dans un monastère s'appliquent à vivre en religieuses dans la maison de leur père sans être soumises à des Constitutions déterminées. »

L'évêque et chroniqueur Jacques de Vitry nous dit qu'au milieu de la corruption ambiante, il a

« quand même trouvé une consolation à voir un grand nombre d'hommes et de femmes qui renonçaient à tous leurs biens et quittaient le monde pour l'amour du Christ : "frères mineurs" et "sœurs mineures", ainsi les nomme-t-on ». Ce dernier vocable n'est pas du goût de saint François, qui préfère le terme de « Pauvres Sœurs » et encore plus celui de « Pauvres Dames », qui leur est demeuré à l'égal de celui de « clarisses », actuellement en usage. On trouve aussi à cette époque « damianites ».

« Même bien close, la chambre aux parfums est toujours trahie par les effluves qui s'en dégagent. » Les visiteurs de Saint-Damien en chantent les louanges. François et les frères en étendant leur propre influence proposent l'exemple de Claire et de ses sœurs et leur envoient des candidates... que Claire n'accepte pas toujours. Telle cette dame pour laquelle tous insistent. Claire finit par céder, mais comme elle l'a prédit la postulante ne persévère qu'à peine six mois, occasion unique pour nous de voir la jeune abbesse opposer, même en souplesse, son jugement à celui de François.

Les vraies vocations sont nombreuses : un acte de 1238 cite nommément cinquante sœurs. Très tôt Saint-Damien essaime dans la vallée de Spolète et au-delà. Des monastères se fondent ; d'anciens se transforment comme Panzo en adoptant la Règle et les coutumes de Saint-Damien, avec quelques nuances parfois. En 1228 on compte déjà vingt-quatre monastères, qui seront environ cent trente, dont treize en France, à la mort de Claire.

Saint-Damien aide ces nouvelles sœurs à se former. Pacifica passe un an au monastère de Vallegloria de Spello. Agnès, sœur de Claire, est envoyée comme abbesse à celui de Monticelli de Florence, sans doute en 1229. Elle y restera vingt ans avant de revenir mourir entre les murs de Saint-Damien, trois mois après sa sœur bien-aimée. La seule de ses lettres à Claire qui nous ait été conservée est une véritable élégie sur son exil. Mais aussi une louange de l'union des sœurs régnant à Monticelli. Et surtout, l'annonce joyeuse que le pape lui a accordée à elle aussi pour son nouveau monastère le Privilège de la pauvreté.

Autre exemple célèbre, celui de Prague où la princesse Agnès, fille du roi de Bohême, bâtit en 1232 une église pour les franciscains, puis un hôpital et enfin un monastère de femmes, où elle entre elle-même en 1234 et d'où elle correspond pendant vingt ans avec Claire, qu'elle ne verra jamais.

4. La Règle de Claire

Le Privilège de la pauvreté

Comment cette « plantation » — Celano aime ces images, entre bien d'autres — allait-elle être jardinée, comment serait taillée l'aubépine? A quoi une jeune fille entrant à Saint-Damien s'engageait-elle?

De la profession à la mort de Claire, cinq papes se sont succédé à la tête de l'Église. Se sont succédé aussi cardinaux protecteurs de l'Ordre, visiteurs canoniques et ministres généraux. Chacun avec ses idées sur la vie religieuse. Pendant ce même temps, Claire, elle, est restée abbesse et mère de Saint-Damien, tenacement fidèle au choix de sa jeunesse, la pauvreté à l'école de François. L'histoire de sa Règle est celle d'une défense énergique de ce choix, parfois contre ses meilleurs amis.

Avant la Règle proprement dite, trois textes différents ont orienté la vie des sœurs. Les deux premiers constituent une sorte de charte spirituelle scellant l'alliance entre frères et sœurs :

C'est d'abord la petite « forme de vie », *Formula vitae*, donnée par François aux sœurs en 1212. Il y définit les termes de l'alliance : puisque les sœurs ont choisi la perfection évangélique, lui et ses frères les aideront toujours. « Puisque par inspiration de Dieu vous avez voulu devenir filles et servantes du très haut et souverain Roi en adaptant une vie conforme à la perfection du saint Évangile, je veux, et j'en prends l'engagement, avoir toujours, par moi-même et par mes frères, pour vous comme pour eux, un soin attentif et une affection toute spéciale. »

A ce texte font écho les *Dernières volontés pour les sœurs de Claire*, dictées en 1226 par François près de mourir : « Moi, le petit frère François, je veux imiter la vie et la pauvreté de notre très haut Seigneur Jésus-Christ et de sa très sainte Mère, et j'y veux persévérer jusqu'à la fin. Vous aussi, mes Dames, je vous prie et vous conseille de vivre toujours dans cette très sainte vie et pauvreté... » La route commune de François et de Claire sur la terre aura tenu entre ces deux dates et ces deux textes. La route, c'est l'Évangile vécu dans la pauvreté.

Le troisième texte, capital celui-là, est le *Privilège de la pauvreté*. Document officiel émané de la chancellerie pontificale, il a force de garantie juridique et Claire l'invoquera comme tel avec assurance. Elle le sollicita certainement très tôt, dès les origines de Saint-Damien et en tout cas avant 1216, puisqu'il lui fut accordé par Innocent III, mort cette année-là. Le dit privilège fut d'ailleurs confirmé à peu près dans les mêmes termes par Grégoire IX en 1228.

« Vous avez renoncé à toute convoitise des biens de ce monde... Les privations ne vous font pas peur... Celui qui nourrit les oiseaux du ciel et donne leur vêtement aux lis des champs, ne vous laissera pas manquer de vêtement ni de nourriture, jusqu'à ce qu'il vienne lui-même pour vous servir... C'est pourquoi en réponse à votre supplique *nous vous confirmons... votre volonté de vivre en très haute pauvreté... et vous accordons de ne pouvoir être forcées par personne à recevoir des biens.* »

Celano rapporte qu'Innocent signa ce texte *cum hilaritate magna*, en riant bien fort. Il y avait de quoi : les privilèges habituellement sollicités visaient à confirmer à des ordres religieux ou à des monastères la légitimité de leurs possessions. Demander la faveur d'être pauvres : le paradoxe traduisait chez Claire le juvénile bouillonnement du vin nouveau, mais aussi une profonde sagesse. Et une détermination peu commune : ce que François le petit pauvre n'avait même pas demandé, Claire, d'un coup, le revendiquait et l'obtenait, disciple plus hardie que le maître.

Il est vrai que le privilège fut l'arme majeure de Claire, et cela jusqu'à sa mort. Certains, arguant que le récent concile du Latran avait interdit la création de nouveaux ordres, voulaient lui faire adopter une des Règles monastiques déjà existantes. Elle pouvait certes leur répondre que les sœurs ne constituaient qu'une branche féminine de l'ordre franciscain dont elles n'avaient fait qu'adapter la Règle. Mais l'argument était peu propre à satisfaire la prudence des canonistes. Le privilège, si Claire tentait de s'en prévaloir, ne pouvait guère passer que pour une approbation de principe préludant à l'élaboration de statuts détaillés.

François crut sans doute avoir trouvé une solution lorsque en cette année 1215 du concile il demanda à Claire de prendre le titre d'abbesse, ce qui avec la clôture la rangeait, au moins formellement, parmi les moniales des ordres anciens. Claire, la petite pauvre, abbesse, et à vingt et un ans ! Elle résista tant qu'elle put, mais dut céder. La vie lui apprit le sens profond du titre. « L'abbesse est la servante de toutes les sœurs », écrira-t-elle, reprenant saint Benoît, à la veille de sa mort.

Cette concession n'entraînait pas encore l'adoption d'une des règles en vigueur. Claire et ses sœurs continuèrent donc à vivre plus ou moins selon le mode des frères, en tout ce qui pouvait s'y concilier avec leur vie cloîtrée : renonciation à leurs biens propres, travail, recours à la quête, pauvreté des vêtements et de la nourriture, prière chorale.

La Règle d'Hugolin

Ce n'était qu'un simple répit. Déjà d'autres monastères se fondaient sur le modèle de Saint-Damien, des difficultés naissaient sur l'interprétation de la pauvreté et des relations entre frères et sœurs. En 1218-1219, François eut à traiter de ces questions avec Hugolin, cardinal protecteur de la communauté. Ce fut l'origine de la Règle dite d'Hugolin, qui reprend pour l'essentiel la Règle de saint Benoît et l'étend à tous les monastères nés de Saint-Damien. Règle très austère quant au jeûne, au silence et à la clôture, mais on peut chanter l'office, les illettrées peuvent apprendre à lire, et un régime adouci est prévu pour les jeunes sœurs et pour les malades.

Rien dans tout cela de nature à vraiment troubler Claire, bien au contraire, sauf peut-être pour le chant de l'office. Mais, si sainte que soit la Règle bénédictine, l'adopter c'est renoncer à suivre François, c'est acquérir des biens, c'est fermer la porte à Dame Pauvreté et l'ouvrir sinon à Mammon, du moins à l'esprit de propriété. Le passage de Claire à Saint-Paul et à Saint-Ange a dû renforcer sa conviction à ce sujet.

Sa résistance fut donc vive et jusqu'à un certain

point victorieuse. Chaque article ou presque de la Règle « bénédictine » d'Hugolin s'assortit d'un « si les sœurs le veulent », « si l'abbesse le juge bon ». Le préambule lui-même prévoit que cette Règle « doit être observée en tout ce qui n'est pas vraiment contraire à la forme de vie que nous vous avons donnée et selon laquelle vous avez spécialement décidé de vivre ». Cette « forme de vie » spéciale, n'est-ce pas précisément le *Privilège de la pauvreté* octroyé par Innocent III ? De toute façon le résultat était hybride. En 1243 Agnès de Prague, qui savait elle aussi ce qu'elle voulait, demandera à Innocent IV de supprimer de la Règle ce qui se réfère à saint Benoît et d'entériner tous les indults postérieurs, « car observer à la fois deux Règles dans un même Ordre, c'est là une tâche impossible ».

Nombre de monastères en jugèrent autrement puisqu'ils adoptèrent cette Règle d'Hugolin. Selon les temps et les lieux la proportion entre bénédictin et franciscain put varier : propriétés foncières ou non, office chanté ou non, apprentissage de la lecture ou non. Mais toujours et partout les sœurs restèrent dans la mouvance spirituelle de Claire et de François, quant au sens de la pauvreté et au lien avec les frères.

Saint-Damien avait été ménagé. Hugolin, qui s'en était réservé personnellement la charge, devait se douter qu'il aurait affaire à trop forte partie en Claire et ses sœurs auxquelles il portait d'ailleurs une affection et une admiration profondes. Saint-Damien ne s'étendit donc pas au-delà du lopin des origines, l'austérité y resta la même et les frères continuèrent à y prêcher, à y partager le produit de leurs quêtes, et à y parler aux sœurs de leur propre Règle. Si bien que même la confirmation en 1247 de la Règle d'Hugolin par le nouveau pape, Innocent IV, ne dut guère influer sur la vie des sœurs.

Une sœur clarisse (Toulouse).

Enfin, en 1252, l'année précédant sa mort, forte d'une expérience de quarante années et consciente de sa responsabilité, Claire rédigea elle-même sa propre Règle. Cette *Règle de Claire* est remarquable entre autres par sa référence constante à l'esprit et à la lettre de celle des frères mineurs. En cinq phrases, le préambule mentionne quatre fois saint François (mort depuis vingt-six ans), pour affirmer le même choix de la pauvreté comme base de vie et la permanence du lien avec celui auquel Claire et ses sœurs avaient jadis promis obéissance.

Cela dit, c'est une Règle d'une très grande austérité, même si de nombreuses possibilités d'adoucissement sont prévues pour les jeunes, les faibles et les malades. Pourtant dans cette bure brille parfois un fil d'or : un paragraphe, une phrase, une simple expression de tendresse fraternelle sont si visiblement pris à la Règle de François qu'on a pu le croire l'auteur de celle de Claire. Pourtant c'est bien elle-même qui s'y exprime à la première personne. Mais cela fait plus de quarante ans qu'elle entend commenter et voit vivre par les frères leur Règle, dont elle possède sans doute un exemplaire. Elle en vit elle aussi. Emprunts et citations ne font donc que traduire une assimilation profonde de la pensée de François.

La Règle est le miroir des sœurs

Programme réalisé : les témoignages des sœurs nous montrent la Règle vécue et Saint-Damien fonctionnant, comme tout monastère, en vraie ruche où chaque sœur agit selon son statut, sa charge, son office propres.

Nulle part ne sont signalées à Saint-Damien de distinctions de « dignité », bien étrangères à la vocation des sœurs, sinon à leur époque. « La grâce de travailler » toutes l'ont reçue, et toutes, en plus de leur tâche propre, prennent leur part des travaux d'utilité commune, y compris des plus prosaïques : Claire ne s'exempte pas d'aller vider les seaux des malades. Pour les sœurs quêteuses, la Règle d'Hugolin employait sans plus le terme de *servientes*, servantes, qui sera d'ailleurs repris tel quel dans des Règles ultérieures, laissant ainsi supposer l'existence d'une autre catégorie, celle des servies. Mais la Règle de Claire précise : *servientes extra monasterium* : celles qui servent *hors du monastère*. Hors du monastère ou dans le monastère, toutes sont servantes.

Ces sœurs « du dehors » sont essentiellement quêteuses et messagères ; la Règle les invite à aller modestement leur chemin et à ne pas rapporter au monastère les faits du monde ni au monde ceux du monastère. Mais Claire elle-même, servante des servantes, en lavant leurs pieds poussiéreux de la route, leur recommande « de louer le Seigneur quand elles voient de beaux arbres fleuris et feuillus. Et qu'elles fassent de même à la vue des hommes et des autres créatures ». Recommandation pleine de santé spirituelle, bien propre à dilater les cœurs et à faire jeter sur « le dehors » un regard joyeux et pur.

Savoir lire ou pas constitue une différenciation réelle, puisque la Règle prévoit pour les illettrées la récitation, non de l'office en latin, mais de l'office dit « des *Pater* ». Il arrive que des sœurs externes sachent lire et que des cloîtrées ne le sachent pas. De toute façon ne taxons Claire ni d'élitisme intellectuel, ni de mépris de la science, quand elle invite les illettrées à ne pas se mettre en peine d'apprendre. La seule science, dit-elle après François, c'est de posséder « l'esprit du Seigneur et sa sainte opération ». Le reste est vanité.

Comme dans l'Évangile, les malades sont à Saint-Damien une catégorie privilégiée. Pour elles la Règle prévoit tous les adoucissements possibles : dispense du jeûne, nourriture plus fine, paillasses et oreillers de plumes, visites autorisées.

Les remèdes de l'époque font partie de ces attentions pour les malades, mais en même temps qu'eux il arrive à Claire d'en utiliser un très efficace, le signe de la croix. Celano consacre tout un chapitre aux guérisons qu'elle opérait ainsi, et dont la seule explication est l'amour, amour pour la malade, amour pour le Médecin et foi très pure

Le « Coretto » de Saint-Damien.

en lui. « A celui qui l'aime, le Crucifié rend amour pour amour. L'arbre de la croix était bien enraciné dans le cœur de la sainte. Ses fruits alimentaient intérieurement son âme, tandis que ses feuilles avaient pouvoir de procurer la santé au-dehors. »

Racontés bonnement par les témoins du *Procès de canonisation*, ces miracles nous font pénétrer dans l'intimité la plus quotidienne du monastère. Presque toutes les sœurs témoins ont bénéficié du remède de Claire, presque toutes ont entre cinquante et quatre-vingts ans. Pacifica, octogénaire, se souvient d'avoir fait partie d'un lot de cinq malades ainsi guéries en une fois par Claire. Benvenuta raconte ses fistules et Aimée son hydropisie. Et comment Andrée étant affligée jusqu'au désespoir par des écrouelles qui l'étouffaient, Claire une nuit connut en esprit sa détresse : elle vint alors à son secours avec son remède habituel, le signe de la croix, mais accompagné cette fois d'un œuf mollet, efficaces l'un et l'autre pour l'âme, le cœur et le corps de la pauvre Andrée. Mais si exceptionnel cet œuf, qu'il est resté dans la mémoire des sœurs, comme la fougasse que Claire fit manger à sœur Cécile pour la guérir de sa toux.

La gattucia

Il n'est pas de « vie » franciscaine sans loup, hirondelle ou cigale. La vie quotidienne à Saint-

Damien s'égaie donc elle aussi d'une sœur à quatre pattes, la chatte du logis, la *gattucia*. Fonction principale : chasser les nombreuses souris. Fonction secondaire : rendre visite à Claire pendant les longues journées où elle reste clouée au lit filant et cousant.

Un jour Claire demanda à une sœur de lui apporter une petite nappe à laquelle elle travaillait. La sœur oublie et rejoint la communauté, Claire reste seule. Paraît la petite chatte, qui va tirer de son mieux la nappe vers Claire. Celle-ci alors la gronda, mais on devine avec quel attendrissement : « Vilaine, tu ne sais donc pas la porter ? Pourquoi la traînes-tu par terre ? » La chatte, désolée, se mit alors en devoir de plier la nappe pour lui éviter de toucher terre pendant qu'elle la portait à Claire. Tel est le degré de perfection auquel obligeait l'honneur d'être chatte à Saint-Damien !

5. Au parloir de Saint-Damien

Grilles, rideaux, portes défendues par deux serrures différentes, gonds et fléaux : tout est prévu pour décourager les visiteurs de Saint-Damien. La portière « mûre et discrète » qui veille sur la ruche, va-t-elle tous les refouler comme frelons ? Non, pas plus que le « guichet » n'a détourné les visiteurs de Port-Royal, ni grilles, ni rideaux, ni portes ni portière n'ont jamais empêché Claire ni ses sœurs d'ouvrir Saint-Damien et leur cœur à tous.

Le pain et la Parole

Les frères en premier lieu, quêteurs et chapelains, qui concrétisent l'appui spirituel et matériel promis par François à Claire et dont le rôle nourricier est essentiel. Ils habitent quelques petites cellules sous les murs du monastère et communiquent avec les sœurs soit au parloir, soit par une fenêtre servant de *tour* pour déposer le produit de leurs quêtes.

Ensuite les prédicateurs, qui jouent eux aussi un rôle de premier plan à Saint-Damien. Claire « avait à cœur de faire annoncer à ses filles la parole de Dieu par de saints prédicateurs... Pour elle-même, c'était un bonheur que d'entendre prêcher... elle avait l'art de cueillir au sermon de n'importe quel prédicateur, buisson d'épines ou arbre bien cultivé, ce qui pouvait profiter à son âme ».

Un jour, pendant un sermon de frère Philippe d'Atri, sœur Agnès vit l'Enfant Jésus aux côtés de Claire. Cela signifie, commente Agnès, que Jésus demeure au milieu des prédicateurs et de leurs auditeurs « à condition que ces derniers se tiennent et écoutent comme ils le doivent ». Claire cependant, tout attention, « était entourée d'une admirable splendeur, comme d'un rayonnement lumineux d'étoiles, et d'une autre lumière, qui semblait jeter des étincelles de feu ». Une voix intérieure dit alors à Agnès qui cherchait le sens de cette vision : « Le Saint-Esprit viendra sur toi. » On perçoit à travers ce récit la ferveur spirituelle vécue à Saint-Damien.

Des prédicateurs donc, savants ou non, clercs ou non, mais saints ; le double sermon entendu un jour par les sœurs le montre excellemment. Un

Réfectoire de Saint-Damien.

frère anglais, maître en théologie, prêchait devant
elles en présence de frère Gilles. « Il parlait depuis
un petit moment déjà, quand tout à coup frère
Gilles dans un grand élan lui dit : "Maître tais-
toi, je veux prêcher !" Le frère se tut aussitôt.
Gilles prononça alors, dans la ferveur de l'Esprit
de Dieu, des paroles douces comme le miel, puis
il dit au maître : "Frère, achève maintenant le
sermon que tu avais commencé." Le maître reprit

le cours de sa prédication et poursuivit jusqu'à la fin. Cette scène réjouit grandement la bienheureuse Claire. » Qui admirer le plus ? L'Anglais, savant mais humble ? Gilles, sans respect humain quand l'Esprit l'envahit ? Claire, capable de discerner dans le sans-gêne de Gilles l'irruption céleste et d'en rire d'aise ?

D'autres aussi viennent à Saint-Damien, porteurs de messages, demandeurs de conseils et de grâces sinon de miracles. François envoie à Claire le pauvre frère Étienne, à l'esprit dérangé : elle le bénit d'un signe de croix, le laisse dormir un moment dans son oratoire et le renvoie guéri. Un autre jour François encore, mais pour lui-même, envoie frère Massée la consulter sur le choix à faire entre contemplation et mission. Comme frère Sylvestre également interrogé, Claire ayant beaucoup prié et fait prier ses sœurs confirmera François dans sa vocation première : ne pas vivre pour soi-même, mais partager aux autres ce que l'on a reçu dans la prière.

Frère Léon, secrétaire de François, scrupuleuse « brebis du Bon Dieu », vient souvent chercher consolation et énergie auprès de Claire, qui le secoue peut-être à l'occasion. Elle voit aussi Élie, Ange Tancrède, Pacifique, mais parmi les plus chers se distingue frère Genièvre, le « jongleur de Dieu », pitre céleste. Il est capable de couper une patte à un cochon pour en faire une bonne soupe à un frère malade, sans souci des cris ni de la bête ni du propriétaire. Mais capable aussi de parler de Dieu avec une conviction si fervente, qu'on le croirait arrivé tout droit, non de la lune, mais du Paradis même. A la veille de mourir, Claire, « toute réjouie » de voir ce vieux compagnon de Dame Pauvreté, lui demandait encore « Quelles nouvelles m'apportes-tu du Seigneur ? » — et lui de puiser pour elle dans son cœur désolé un discours brûlant des flammes de l'amour divin.

« *Qu'il les enlève tous !* »

Pour Claire ces relations d'entraide mettaient en œuvre la promesse faite par François. Elles constituaient aussi un facteur d'équilibre pour son monde purement féminin. Les frères en évoquant leur vie rude de prédicateurs itinérants gardaient les sœurs du danger d'angélisme et d'un repliement excessif sur elles-mêmes. Eux à leur tour comptaient sur Saint-Damien pour les soutenir dans leur apostolat.

Mais les frères et les sœurs ne pouvaient pas toujours éviter le risque de dépassements, réels ou supposés, de la mesure, entraînant commentaires et rapports aux autorités. D'où un jour ce soupir excédé de François : « Le Seigneur a voulu que nous n'ayons pas d'épouses, alors le diable nous a procuré des sœurs ! »

Si bien qu'en 1230 Grégoire IX rappela avec

énergie qu'aucun frère ne devait prêcher dans un monastère de sœurs sans l'autorisation pontificale. Claire alors, voyant déjà ses sœurs privées « de la parole de Dieu qui était le pain de leurs âmes », gémit et s'exclama sans plus de formes : « Eh bien ! qu'il les enlève donc tous, puisqu'il nous prive de ceux qui nous procurent la nourriture de vie ! » Et elle renvoya sur-le-champ tous les frères, y compris les quêteurs qui leur apportaient la nourriture du corps. Que pouvait faire le pape devant ces grévistes de la faim ? Il revint sur sa défense et laissa au ministre général des frères le soin de régler l'affaire. Claire retrouva le sourire et sa déférence habituelle pour son vieil ami.

Le Seigneur pape

Lorsque Claire emploie le mot Église, ce qui est peu fréquent, elle lui ajoute quelques adjectifs des plus classiques : militante, triomphante, sainte, Notre Mère la sainte Église romaine. Mais chaque vocable a certainement pour elle son sens plein et correspond à une réalité vécue : Corps du Christ, temple de l'Esprit, assemblée des fidèles, peuple de Dieu, société hiérarchisée... Elle vit et respire dans cette Église comme elle vit et respire dans le Christ : dans le monde autour d'elle, Église de pécheurs et de saints, du pape au dernier des baptisés.

La cour pontificale séjournant fréquemment à Pérouse, les cardinaux protecteurs de l'Ordre viennent en voisins chez les sœurs. Devenus papes ils leur restent fidèles, même quand leurs opinions divergent sur la pauvreté religieuse.

Une lettre du vieux cardinal Hugolin donne bien le ton de son amitié pour Claire, « sœur bien-aimée dans le Christ, mère du salut de mon âme ». Il vient de quitter tout dolent Saint-Damien « s'arrachant à cette joie qui était un vrai trésor du ciel... je venais de célébrer la Pâque avec toi et en compagnie des autres servantes du Christ ; tous ensemble dans la joie nous avions parlé du Corps du Christ ». Confiance, tendresse, admiration, mais aussi terrible exigence : « Tu répondras de moi au jour du Jugement si tu ne prends pas un soin attentif de mon salut... tout ce que ta ferveur et tes larmes demanderont au Juge suprême, il te l'accordera. » Plus tard, devenu Grégoire IX, il écrit encore « à ses filles préférées » en leur demandant « d'élever leurs mains vers Dieu pour que le ministère qu'il nous a confié serve à sa gloire, à la joie des anges, à notre salut et au salut de tous ». Pour la gloire de Dieu et le salut du monde... Répondre du pape au jour du Jugement en tant que « mère du salut de son âme », et l'aider ici-bas par la prière et la pénitence : le rôle est redoutable, mais Claire et ses sœurs l'assument.

A Grégoire succède Innocent IV, tout aussi certain de la sainteté de Claire. De passage un jour à Saint-Damien il lui demanda de bénir elle-même les pains du repas ; elle y traça donc malgré sa confusion le signe de la croix — et sur tous les pains la croix apparut, comme gravée.

Parmi ses plus fidèles amis figurait aussi le cardinal Raynald, futur Alexandre IV. C'est lui qui la canonisera après avoir été pour elle de son vivant « par les devoirs de sa charge un père, par sa bonté une providence, par sa très pure affection un ami dévoué ».

A tous ces amis illustres, si humbles quand la clarté de sa vie leur fait voir leur propre insuffisance et qu'ils lui demandent ses prières, Claire répond par le respect le plus profond et le plus vrai, le plus touchant aussi. Digne fille de François, elle ne veut pas voir leurs péchés, mais seulement leur fonction de bergers du troupeau.

Merveilles, merveilles !

Dès le vivant de Claire sa réputation de sainteté attire à Saint-Damien toute une foule de malheureux, pauvres et riches. Elle les écoute, elle souffre avec eux, elle mendie pour eux le secours du Seigneur, elle les fait prier eux-mêmes, et parfois obtient leur guérison.

Il s'agit souvent d'enfants malades amenés par leurs parents, et qui émeuvent la tendresse maternelle des sœurs. Citons seulement ce petit garçon de Pérouse atteint d'une taie à un œil : Claire touche cet œil, fait sur le gamin un signe de croix, puis l'envoie à sa mère, sœur Ortolana, pour qu'elle le bénisse elle-même. Et il revient vers ses parents la taie envolée, les deux yeux bien clairs, guéri ! Mais de qui est sortie la force de Dieu, de la mère ou de la fille ? Chacune dans un élan d'amour et d'humilité voudra que ce soit de l'autre.

Devant le péché, c'est bien autre chose. Claire alors « pleurait de manière bouleversante, admonestait le pécheur et l'exhortait à faire pénitence ». A-t-elle pleuré ainsi pour le chevalier Hugolin, qui raconte lui-même son histoire devant les juges du procès ? A peine marié il avait autrefois renvoyé sa femme Guidutia à ses père et mère. Pendant vingt-deux ans et plus il avait refusé de la reprendre, et cela « même aux autorités religieuses ». Jusqu'au moment où Claire lui fit savoir que Dieu lui-même lui commandait par sa bouche de reprendre la pauvre délaissée ; il en aurait un fils qui ferait leur joie et leur consolation. Il reçut le message avec tout le déplaisir imaginable, mais ressentit pourtant bientôt un vif attrait pour son épouse. Il la reprit, leur ménage fut heureux et ils eurent le fils promis. Miracle de guérison spirituelle, où Claire joue le rôle de conseiller conjugal et de prophète.

Cette bonne ville d'Assise

Cependant la lutte continue entre pape et empereur et ses horreurs n'épargnent pas Assise. Ce sont de bien autres visiteurs que reçoit en 1239 Saint-Damien. Cette année-là Frédéric II, que Grégoire vient d'excommunier, lance ses mercenaires à travers le duché de Spolète. Pillages, incendies, meurtres et viols, la guerre rugit aux portes d'Assise. Un vendredi matin de septembre, une bande d'archers maures ou tartares, les « Sarrasins semblables à des essaims d'abeilles », vient tournoyer autour de Saint-Damien. Debout sur leurs chevaux, quelques-uns atteignent et franchissent le haut du mur d'enceinte et pénètrent dans le cloître. Les sœurs éperdues sanglotent réfugiées autour de Claire alitée. Celle-ci alors, appuyée sur ses sœurs, gagne péniblement la porte du réfectoire qui les sépare du cloître et des envahisseurs. Elle fait apporter devant elles leur ultime recours, le Corps du Christ dans son ciboire. Toutes les sœurs serrées autour d'elle, elle se prosterne en larmes et crie vers le Seigneur : « Gardez vos servantes ! » Du ciboire une voix comme celle d'un enfant répond : « Je vous garderai toujours ! » Claire reprend : « Et cette ville qui pour votre amour nous donne de quoi vivre ? » La voix répond : « Je lui viendrai en aide et protection. » Étonnant dialogue où Claire rejoint dans la foi Abraham marchandant les justes de Sodome. Et

66

Dieu épargne Saint-Damien et Assise, et les Sarrasins repassent le mur en grande hâte.

Deux ans plus tard, c'est le tour d'un capitaine de l'armée impériale, Vital d'Aversa, de lancer ses troupes contre la ville même d'Assise. On est en juin et la brute va jusqu'à abattre pour ses travaux de siège tous les beaux arbres de la campagne. Claire bouleversée recourt aux grands moyens, ceux mêmes d'Esther : prière, jeûne et pénitence, pour sauver sa ville chérie, « cette bonne ville dont nous recevons tous les jours quantité de secours », et où toutes ont parents et amis. Elle ordonne aux sœurs de se découvrir la tête, fait apporter de la cendre, en répand une grande poignée sur la sienne « qui venait d'être tondue », puis en impose à chacune. Et toutes d'implorer de Dieu par la prière et le jeûne la délivrance de leur ville. Le lendemain matin, 22 juin, Vital en déroute lève le siège et va mourir ailleurs. Cette fois encore la foi de ses filles a secouru Assise, qui ne l'oubliera pas et processionne chaque année à cette date pour en rendre grâce.

6. Claire et François

La plante et son jardinier

Filiation spirituelle et amitié humaine, la force et la profondeur des liens unissant Claire et François sont le secret du Grand Roi. Les romans élucubrés à ce sujet sur papier ou sur pellicule ne reposent sur aucune source contemporaine. Jamais d'ailleurs ces sources ne nous montrent les deux saints seul à seule : dès leurs premières rencontres dans la plaine d'Assise, ils sont accompagnés d'un chœur de frères, de sœurs ou d'amis, qui jouent les confidents, les messagers, ou commentent l'action en simples témoins. Claire et François, quand nous les voyons agir, quand nous les entendons parler, c'est toujours et uniquement en chefs responsables de communautés.

Leurs relations n'auront duré en ce monde qu'une quinzaine d'années, de la fondation de

Saint-Damien à la mort de François, soit de 1211/1212 à 1226. Pendant ce laps de temps, on ne les sait en relations directes qu'à deux reprises, d'abord lorsque François fait accepter à Claire le titre d'abbesse, ensuite lorsqu'il lui demande avec l'évêque d'Assise de modérer ses jeûnes. Et c'est à peu près tout.

Cette extrême discrétion des textes correspond à une réalité et à une attitude réfléchie de François. Les frères eux-mêmes lui reprochèrent un jour de délaisser sa « petite plantation » et de se faire trop rare à Saint-Damien. Il leur répondit : « Ne croyez pas que je ne les aime pas profondément. Ce serait une grande lâcheté de les abandonner. Si j'agis ainsi c'est pour vous donner l'exemple. Je ne veux pas qu'un frère s'offre de lui-même pour les visiter, mais au contraire qu'on désigne malgré eux pour cet office des hommes spirituels. »

Néanmoins, d'autres motifs que l'exemple à donner ont pu intervenir dans cette attitude de retrait. Les soucis de son Ordre en pleine expansion, la difficile rédaction de sa Règle, ses voyages missionnaires au Levant et dans toute l'Italie, tout cela dévore la plus grande partie de son temps. Ce qu'il en reste, il le passe, et de plus en plus, à chercher la face de Dieu dans la solitude, loin d'Assise.

D'autre part, Saint-Damien est en plein essor. Claire dirige sa propre communauté avec fermeté et tendresse et elle sait parler au pape et aux évêques. Les frères pourvoient à la nourriture matérielle et spirituelle des sœurs et confient à leur prière et à leur pénitence leurs soucis d'apôtres. L'association fonctionne donc bien, sans François. Rappelons qu'il est simple diacre et non prêtre, ce qui limite aussi le rôle institutionnel qu'il pourrait jouer à Saint-Damien. Il est trop délicat d'ailleurs pour gêner ses frères par sa présence de « Père » : il a planté, à d'autres de jardiner.

Il a planté, mais même dans ce rôle de Père spirituel, son expérience personnelle de la sainteté de Dieu et de la jalousie de son amour le détourne de prendre trop de place dans le cœur des sœurs et de leur jeune abbesse : il n'est que Jean-Baptiste, le héraut du Grand Roi. Tout cela, Claire et ses sœurs le comprennent ou le sentent, ce qui ne veut pas dire qu'elles ne souffrent pas du sevrage : jusqu'à la mort de François elles mendieront sa présence.

Son éloignement de Saint-Damien, François le conçoit donc comme exemplaire. Mais son génie dramatique lui interdit de rester au plan des idées. Il faut là aussi qu'il joue l'idée à communiquer, qu'il la mette en scène dans le style le plus pur et le plus rude des prophètes de l'Ancien Testament.

Le cercle de cendre

Un jour, de passage à Saint-Damien, il cède aux instances de son vicaire frère Élie, sans doute circonvenu par les sœurs, et il accepte de prêcher pour elles : « Elles se réunirent donc comme à l'habitude pour entendre la parole de Dieu, et aussi pour voir leur Père. Mais lui, levant les yeux au ciel se mit à prier le Christ. Ensuite il se fit apporter de la cendre, en dessina un cercle autour de lui sur les dalles et répandit le reste sur sa tête. Toutes les sœurs étaient dans l'attente ; lui demeurait à genoux en silence au milieu du cercle de cendre ; l'étonnement avait envahi tous les cœurs. Il se leva enfin et elles l'entendirent psalmodier en guise de sermon le *Miserere* : "Pitié pour moi, mon Dieu,... crée en moi un cœur pur, fortifie mon esprit." » Le psaume terminé, il sortit aussitôt. Pleurs, contrition des sœurs, auxquelles « il avait appris par son action symbolique à se considérer comme cendre et poussière et à défendre leur cœur de tout sentiment incompatible avec cette conviction personnelle ».

« Les pauvres mangeront et seront rassasiés »

Mais chez François les contraires se succèdent pour s'unir dans un même élan. Après la cendre, la coupe débordante et la fleur de froment. Les

Fioretti racontent un repas merveilleux où Claire et François ont franchi le cercle de cendre et sont assis ensemble à la vraie Table Ronde de la fraternité devenue communion à la grâce.

Ce repas, Claire le désire ardemment. François d'abord le refuse, jusqu'à ce que ses compagnons le persuadent de lui accorder cette joie. Mais alors, pour que la joie soit complète, il invite Claire à la Portioncule même, où jadis il l'accueillit chez Dame Pauvreté. Elle franchit donc un jour la clôture de Saint-Damien et s'en vient comme jadis, escortée de quelques frères et d'une sœur. Elle salue la Vierge devant son autel de Sainte-Marie-des-Anges, visite le couvent et arrive enfin au lieu du repas, où la table est mise à terre et où elle prend place avec François, tous les autres assis autour d'eux.

« Au premier mets, saint François commença à parler de Dieu avec tant de suavité, avec tant d'élévation, si merveilleusement, que la grâce divine descendant sur eux en abondance, ils furent tous ravis en Dieu. » Les gens d'Assise et des environs, croyant la Portioncule en feu, accourent, pénètrent dans le couvent et trouvent « saint François avec sainte Claire et tous leurs compagnons ravis en Dieu ». Tous revinrent enfin du Paradis « et, se sentant bien réconfortés par la nourriture spirituelle, peu se soucièrent de la nourriture corporelle ».

Quels que soient la valeur historique du texte, sa date de rédaction, l'authenticité du fait et les embellissements de la tradition, il témoigne avec force du niveau où frères et sœurs des premières générations situaient les liens entre François et Claire : en Dieu, dans un retour au Paradis perdu.

« Écoutez, pauvrettes, vous serez reines ! »

Le 14 septembre 1224, François reçut dans sa chair les stigmates de la Passion, sceau de sa conformité au Christ. D'une santé délabrée par une ascèse impitoyable, ce dernier coup porté par le Seigneur lui-même allait l'achever en deux ans. Entre autres souffrances sa cécité devint presque complète.

Les sœurs étaient profondément bouleversées devant l'imminence probable de sa mort. Claire elle-même, affaiblie par ses austérités, souffrait déjà du mal qui finirait par l'immobiliser à peu près complètement.

Leur réconfort à toutes fut donc grand lorsqu'en 1225 François vint passer plus de deux mois dans le calme de Saint-Damien, où les frères lui firent une sorte de cellule de nattes dans leur enclos particulier. C'est là, tourmenté par les souris, brûlant de fièvre, incapable de supporter la lumière du jour, qu'il composa le Cantique du frère Soleil, débordant d'amour, d'optimisme et de joie surnaturelle. Et il le chantait sur son grabat et le faisait apprendre aux frères pour qu'ils aillent le chanter à leur tour dans le monde entier, invitant tous les hommes à louer Dieu. Les sœurs de l'autre côté du mur entendaient cette explosion de joie et furent certainement les premières à en répéter les bénédictions ailées.

Cependant elles pleuraient. François apprenant

leur tristesse leur fit alors parvenir pour les consoler une courte exhortation, une chanson composée dans la même langue que le Cantique de frère Soleil : « *Audite, poverelle, dal Signor vocate...* Écoutez, pauvrettes, appelées par le Seigneur... » En six versets, il y reprend ses thèmes favoris : l'austérité de vie, la pauvreté, l'aumône, l'épreuve — mais aussi la joie du Royaume où chacune sera reine couronnée : *cascuna serà regina en celo coronata.*

1226. Quelques mois encore et le déclin s'accélère. Triste période, pourtant marquée par une vraie joie pour les sœurs. De son lit de moribond, François réussit à réconcilier l'évêque et le podestat d'Assise, père de sœur Agnès : il envoya les frères les convoquer et leur chanter la strophe qu'il venait d'ajouter à leur intention au Cantique du Soleil : « Soyez loué, mon Seigneur, pour ceux qui pardonnent pour l'amour de vous, qui supportent l'infirmité, la tribulation. Heureux ceux qui persévéreront dans la paix. C'est le Très-Haut qui les couronnera. »

Vous me reverrez

Lentement, la mort corporelle s'approche de François, douce et terrible sœur. C'est la dernière semaine, Claire le sait et en est profondément bouleversée. Littéralement, elle s'effondre : elle

tombe gravement malade, au point de penser
mourir avant saint François. « Elle pleurait
amèrement et ne pouvait se consoler de ne plus
revoir avant sa mort son père unique après Dieu,
son réconfort, leur unique consolation après Dieu,
celui qui le premier l'avait établie dans la grâce
du Seigneur. » Alerté, François lui envoie alors
par un frère une dernière bénédiction, et pour lui

enlever toute tristesse, lui fait dire « qu'avant sa mort, elle et toutes ses sœurs le reverront encore et recevront de lui grande consolation ». Prophétie dont Claire ne comprendra l'humour noir que quelques jours plus tard.

Enfin, le 3 octobre au soir, François meurt à la Portioncule, ou plutôt « son âme très sainte se dégage de la chair pour être absorbée dans l'abîme de la clarté de Dieu ». Dès le lendemain matin on emporte son corps à Assise, où il va être inhumé provisoirement dans l'église Saint-Georges. Par la « voie française », la route de sa mère Pica, la sienne aussi à lui le petit François, il remonte vers sa ville. Entre douleur et joie, le cortège triomphal prend le chemin de Saint-Damien et pénètre dans l'église, où la grille séparant le sanctuaire du chœur des moniales a été descellée. Pendant de longues minutes, les frères présentent le pauvre corps de leur Père à ses filles en pleurs. Claire revoit François, elle découvre et baise les stigmates. En reçoit-elle sur le moment même grande consolation, la myrrhe lui en est-elle exquise? On peut en douter. Le cortège repart, la porte de l'église se referme, la grille est rescellée.

Une lactation spirituelle

A cette date, Claire a trente-deux ans. Vingt-sept années vont s'écouler avant sa propre mort, vingt-sept années consacrées à sa double charge d'abbesse et de chef d'ordre. Vingt-sept années dont François est absent.

Cruelle absence d'abord, douloureux travail du deuil : « Père, qu'allons-nous devenir ? Père des pauvres, qui nous consolera ? » pleuraient les sœurs devant le corps de François. Mais ces *poverelle* ne sont pas des femmelettes. En dignes filles de Jérusalem, elles ont entendu le « Ne pleurez pas sur moi ! » et elles sont revenues, Claire la première, à une acceptation plus réaliste de notre sœur la Mort. Et puis, que signifie l'absence ? Mort, François est toujours avec elles, l'alliance vaut pour l'éternité.

Une nuit, à une date impossible à préciser, Claire fit un rêve, qu'elle raconta à quatre des sœurs témoins au procès. Cécile a vécu à Saint-Damien quarante années, Filippa trente-huit, Balvina trente-six et Aimée, vingt-cinq. Ces deux dernières, sœurs selon la chair, sont apparentées à Claire. Ce sont donc des intimes de celle-ci, avec laquelle elles ont en commun des souvenirs de famille, une connaissance personnelle de François et l'expérience des débuts de Saint-Damien.

Filippa témoigne : « Madame Claire racontait qu'une fois, en rêve, elle s'était vue portant à saint François une cuvette d'eau chaude avec une serviette pour s'essuyer les mains. Elle montait une échelle très haute, mais avec autant d'aisance et de légèreté que si elle avait marché sur un terrain plat. Lorsqu'elle fut arrivée à saint François, celui-ci sortit de sa poitrine une mamelle et lui dit : "Viens, reçois et tète !" Elle le fit, puis saint François la pria de téter une deuxième fois. Et ce qu'elle goûtait ainsi lui paraissait si doux et délectable qu'elle n'aurait pu l'exprimer en aucune manière. Et après qu'elle eut tété, cette extrémité ou bout de sein d'où sort le lait demeura entre les lèvres de la bienheureuse Claire ; elle prit avec les mains ce qui lui était ainsi resté dans la bouche, et cela lui parut de l'or si clair et si brillant qu'elle s'y voyait tout comme en un miroir. »

Ce n'est qu'un rêve, indépendant de la volonté éveillée et consciente de Claire. Mais pour l'avoir raconté, il faut qu'elle en ait été profondément émue. Il faut aussi qu'elle ait eu grande confiance dans l'intelligence de ses sœurs, qui d'ailleurs ne semblent pas avoir été choquées dans leur délicatesse. Mais le fait d'en témoigner montre qu'elles aussi y attachèrent une importance comparable à celle des visions et miracles rapportés dans le *Procès*.

Les éléments de ce rêve se retrouvent dans le fonds de symboles commun à nombre de systèmes religieux. Restons en chrétienté : l'échelle de l'ascension vers Dieu, l'eau de la purification liturgique et du service fraternel, le lait de la miséricorde, le miroir étincelant de la connaissance, ces images nous sont-elles étrangères ? Rappelons-nous :

Genèse : « Et Jacob eut un songe : une échelle posée sur la terre et son sommet touchait le ciel. » Ézéchiel : « Je verserai sur vous une eau pure et vous serez purifiés de toutes vos souillures... » Isaïe : « Regarde, tes fils viennent de loin et tes filles sont portées sur tes bras... Soyez allaités et rassasiés... à sa mamelle glorieuse... Comme un homme que sa mère console, je vous consolerai. » Pierre : « Comme des enfants nouveau-nés, désirez ardemment le pur lait spirituel. » Livre de la Sagesse : « Sagesse, reflet de la lumière éternelle, miroir sans tache, image de la bonté de Dieu, plus radieuse que le soleil... »

Claire, qui n'a lu ni Éliade, ni Jung et encore moins Freud, a médité, chanté, et fait sien chaque jour depuis son enfance ce ruissellement d'images. Elle en a écouté le commentaire de la bouche des prédicateurs, parfois cisterciens, tel frère Ambroise, visiteur canonique des Pauvres Dames. Elle a pu entendre parler de ce que dit saint Bernard de l'abbé « mère » de ses moines. François d'ailleurs a lui-même utilisé abondamment cette même image pour définir le rôle des supérieurs par rapport aux frères : « Je te le dis, Léon, comme une mère... » Et frère Pacifique lui demandait son pardon et sa bénédiction en l'appelant « Mère chérie... ».

Tous ces éléments fondamentaux s'ordonnent dans le rêve de Claire autour de son ascension rapide et légère et de son allaitement par François.

A proprement parler, il n'y a là rien que Claire ne sache déjà : François l'a enfantée spirituellement, elle en a pleine conscience, et ce n'est pas par respect des conventions qu'elle l'appelle Père. Que ce Père l'allaite comme une mère, c'est l'incohérence du rêve, mais l'idée de base reste la même : François continue au ciel son rôle, paternel et maternel à la fois, et l'attire à la connaissance et à l'amour de Dieu, doux lait et clair miroir.

Rêve, vision, prophétie, ce que Claire a vu dans son sommeil et qui l'a fait plonger dans l'au-delà du temps, elle a donc pu y puiser moins une révélation qu'une confirmation et un renouvellement d'énergie pour la défense de l'héritage laissé par François, la pauvreté. L'année même où il sera canonisé, en 1228, elle obtiendra la confirmation du Privilège.

Frère François, saint François

Cette canonisation, les sœurs en suivent les préparatifs en priant et en racontant aux frères leurs propres souvenirs sur François. Frère Léon, pauvre brebis sans berger, n'a pas fini de venir chercher consolation auprès d'elles, ni le frère Ange de leur raconter les débuts de la fraternité. Frère Élie, lui, leur parle des travaux de la basilique au cœur de laquelle François sera définitivement inhumé.

Pendant ce temps, frère Thomas de Celano rédige sa première *Vie* officielle de François, la *legenda* destinée à être lue au chœur. On peut se demander à quoi pensaient les sœurs, quand elles y lisaient, et dans quels termes amphigouriques, leur propre éloge !

Pendant ce temps aussi, frère Julien de Spire compose l'office de la fête du nouveau saint, fixée au 4 octobre, lendemain de sa mort. Office débordant d'amour et d'admiration, qui raconte, médite et chante la vie du petit Pauvre. Et dans le déroulement des antiennes, c'est lui que revoient les frères et les sœurs : le va-nu-pied qui prêchait dans l'obscur Saint-Rufin ; le maçon qui annonçait à tous vents la venue des Pauvres Dames à Saint-Damien ; le jongleur à la voix sonore qui invitait le monde entier à louer Dieu ; l'aveugle aux mains, au côté et aux pieds transpercés, leur frère saint François.

Au 4 octobre de chaque année, avant d'échapper elle-même au temps, Claire la fidèle va ainsi chanter la vie et la mort de François, passant de la tristesse du deuil à la joyeuse espérance des retrouvailles en paradis.

7. Claire au miroir

« Regarde, Il te regardera »

Le mystère de l'amour de Dieu pour Claire et de celui de Claire pour Dieu, nous ne pouvons que le pressentir. Ce qu'elle livre elle-même de son expérience intérieure ne constitue pas un traité raisonné d'ascétique et de mystique, ni une méthode détaillée d'oraison, comme en connaîtront les siècles ultérieurs. Et pourtant une de ses lettres à Agnès de Prague en quelques lignes dit l'essentiel :

> *Place ton esprit* devant le miroir de l'éternité, *laisse ton âme baigner* dans la splendeur de la Gloire, *unis-toi de cœur* à Celui qui est l'incarnation de l'essence divine, et grâce à cette contemplation *transforme-toi* tout entière à l'image de sa divinité. Tu arriveras ainsi à ressentir ce que seuls perçoivent ses amis ; *tu goûteras la douceur cachée* que Dieu lui-même a dès le commencement réservée à ceux qui l'aiment.

Tout l'être est donc invité à cette contemplation transformante, dont l'objet, « miroir sans tache », est le Christ, Fils incarné et Seigneur de gloire. Et le miroir, nous dit Claire, a un haut : la crèche. Un bas : la croix voulue par amour. Un milieu : la vie humble et pauvre.

On perçoit ici nettement l'ancrage entre prière liturgique et prière personnelle : l'office divin donne la pleine richesse de son contenu à l'oraison et celle-ci à son tour donne à l'office toute sa chaleur affective.

Claire est très attentive à cette prière liturgique, pour elle vitale. Les sœurs nous la montrent se levant pour matines avant toutes, « avant même les plus jeunes sœurs », qu'elle éveille en les touchant de la main en silence, avant d'allumer les lampes et de sonner la cloche.

Ce sont particulièrement ces heures nocturnes, complies et matines, qu'elle prolonge en libre oraison. Oraison baignée de larmes, d'où elle sort « rayonnant extérieurement au travers de son corps la lumière venue l'emplir... le visage encore plus radieux que de coutume... emplie de joie... la parole brûlante, mais d'une si grande douceur... ». Comme s'il y avait deux Claire, l'une douloureuse la nuit, l'autre sereinement radieuse le jour.

« *Salut à toi, Dame Pauvreté!* »

Le milieu du miroir, nous dit Claire, c'est la vie humble et pauvre du Christ. La pauvreté et l'humilité du Christ, il n'y a pas d'autre justification, ni théologique ni apostolique, de la pauvreté à laquelle Claire a été si profondément et si effectivement attachée. « C'est au Christ pauvre que, vierge pauvre, tu dois rester attachée », écrit-elle à Agnès princesse de Bohême.

Il s'agit bien d'abord de pauvreté matérielle. A cause du Christ pauvre, elle a vendu tous ses biens, elle a couché sur la dure, elle a jeûné, elle a eu froid dans ses pauvres tuniques raccommodées jusqu'à la corde, elle a marché pieds nus. On a parfois manqué de pain à Saint-Damien quand la disette ou la négligence des bienfaiteurs raréfiaient les aumônes et que l'hiver était long et rude. Fille et sœur de François, Claire s'est méfiée de l'apparence même du bien-être, préférant les croûtons aux pains entiers. Pensant à sa mort et rédigeant un testament d'une très haute tenue spirituelle, elle ne peut s'empêcher d'y insérer quelques lignes où cette radicalité s'exprime encore et pour une éventualité matérielle bien précise. S'il arrivait, dit-elle, que pour cause de convenances ou d'isolement il faille accepter plus de terrain que le verger et le potager nécessaires, « que cette terre reste inculte et en friche ».

« *Un Enfant nous est né* »

Le haut et le bas du miroir, la crèche et la croix, Bethléem et le Calvaire, ont été les « lieux » de la vie spirituelle de Claire. Nous l'y voyons appliquant les conseils donnés à Agnès de Prague : Claire « place son esprit » devant le mystère célébré, elle « s'unit de cœur » au Christ et « se laisse transformer ». Dieu répond à son amour en lui donnant quand il lui plaît la joie de sa présence, manifestée parfois par une vision ou un miracle.

« L'Enfant très saint et bien-aimé, entouré de pauvres langes, couché par sa mère, petite pauvre elle aussi, dans une crèche étroite », Claire fond intérieurement de tendresse devant lui comme devant « la Vierge, cette très douce mère qui a mis au monde cet enfant que les cieux ne pouvaient contenir et qui l'a contenu dans le petit cloître de son ventre ». Elle supplie ses sœurs d'imiter cette pauvreté du Christ enfant et de sa Mère, et « de porter par amour en tout temps des vêtements grossiers ». Mais pour Noël, elles qui jeûnent toute l'année, « elles pourront prendre deux repas, quel que soit le jour de la semaine ». François, lui, demandait que ce jour-là on donnât aux bêtes double picotin. Bombance dans les étables et les réfectoires !

Cette tendresse maternelle que Claire éprouve pour Jésus-Enfant et qu'elle étend aux petits qu'on lui amène à guérir, Jésus la lui rend bien. Un premier mai, sœur Françoise vit « sur les genoux de Claire un très bel enfant… qui ne pouvait être que le Fils de Dieu ». Un autre jour « vers la Saint-Martin, le matin après la messe… », Claire étant souffrante et alitée, on lui porta la communion, et il sembla à la même Françoise « que le Corps du Seigneur était un très beau petit enfant ».

Mais le miracle le plus touchant, Claire l'a rapporté elle-même à ses sœurs en les taquinant un peu. Il eut lieu dans la nuit de son dernier Noël sur la terre.

« A cause de sa grave maladie, elle ne pouvait se lever pour aller à la chapelle. Les sœurs se rendirent toutes à matines, comme d'habitude, la laissant seule. Alors madame Claire soupira et dit : ''Ô Seigneur Dieu, me voilà laissée toute seule ici pour toi !'' Et soudainement elle commença d'entendre les orgues et les répons et tout l'office des frères en l'église de Saint-François, comme si elle y eût été présente. » « Elle avait aussi vu la crèche », précise Aimée.

Celano, jamais à court d'adjectifs, précise que le concert était mélodieux, la psalmodie joyeuse, les chants harmonieux, et tente lourdement d'expliquer que vu la distance, il faut que Dieu ait amplifié les échos de la cérémonie ou développé la puissance auditive de la sainte. Et pourquoi Dieu qui connaît les cœurs n'aurait-il pas consolé Claire au-delà de son propre désir ? Quoi qu'il en soit, c'est là l'origine du choix de Claire comme patronne des gens de télévision.

Vidi aquam

C'est dans la totalité du mystère pascal que Claire trouve de quoi exercer avec une intensité saisissante sa capacité de contemplation douloureuse et aimante, de compassion au sens fort et de joie exultante. Lorsqu'elle s'unit aux affres de la Passion, c'est le cœur déjà prêt à bondir dans la joie de la Résurrection, « joie reconnaissante et douce » devant la guérison apportée par le Seigneur : « Si tu souffres avec lui, avec lui tu régneras, si tu pleures avec lui, tu partageras sa joie », dit-elle à Agnès, reprenant saint Paul.

Chaque jour entre sexte et none, heure de la mort du Christ, elle s'unit en esprit au Seigneur immolé. Un Vendredi saint elle est si absorbée en Dieu, qu'elle reste comme insensible tout le jour et une grande partie de la nuit suivante. Où est-elle pendant tout ce temps, au Calvaire ou à Saint-Damien ?

C'est aux aspects les plus concrets de la Passion qu'elle s'attache, au visage du Christ, « méprisé, frappé, déchiré à coups de fouets », aux plaies de son corps. Elle fait sienne la dévotion d'alors aux Cinq Plaies, chère entre autres aux cisterciens. Elle aime dire et enseigne une prière sur ce thème.

Elle récite l'Office de la Passion composé par François le stigmatisé, où s'exprime le même balancement entre douleur et certitude exultante du Salut : « Ils ont percé mes mains et mes pieds, ils ont compté tous mes os... Je me suis endormi et je suis ressuscité, et mon Père très saint m'a accueilli dans sa gloire. »

Un jour du temps pascal, elle entend le *Vidi aquam*, antienne chantée pendant l'aspersion de l'eau bénite : « J'ai vu l'eau vive jaillissant du côté droit du Temple, *alleluia* ! Tous ceux que lave cette eau seront sauvés et chanteront : *alleluia* ! » « Elle en eut si grande joie et en fut si émue que par la suite, après le repas et après complies, elle se fit toujours donner l'eau bénite à elle-même et à toutes les sœurs, et elle leur disait de toujours conserver le souvenir de cette eau sainte qui sortit du côté droit du Temple véritable, notre Seigneur Jésus-Christ suspendu à la croix. »

Le Corps, le Sang et les Paroles

Le Serviteur souffrant devenu le « Seigneur de gloire », le « Roi de gloire », Claire n'a pas assez de mots pour le chanter. Ses lettres à Agnès de Prague ruissellent d'admiration pour « Lui dont la beauté fait l'admiration des anges, Lui dont le soleil et la lune admirent la beauté, le plus beau des enfants des hommes, la splendeur de la Gloire éternelle, l'éclat de la Lumière sans fin ». Sa joyeuse louange ne tarira pas jusqu'à sa dernière vision à l'heure de la mort.

Le Corps du Christ, quand elle le recevait — « souvent » dit sœur Benvenuta, sept fois par an prescrit la Règle —, c'était « avec tant de dévotion et de crainte, qu'elle en était toute tremblante ». Larmes, crainte et tremblement devant le mystère, Claire passe par tout cela, mais là aussi la joie est la plus forte : « Elle revenait le visage encore plus radieux que de coutume... Dieu dans sa bonté avait préparé un festin exquis pour sa petite pauvre. »

Entre ses communions, elle s'unissait sans cesse en esprit au Fils de Dieu et l'adorait, présence vivante dans le tabernacle. Aux prêtres pauvres de la vallée elle envoyait dans des étuis de soie et de pourpre des corporaux de la toile la plus fine filée de ses mains.

Claire et le Serpent

Le mot même de « péché » et les mots qui s'y rapportent n'occupent que très peu de lignes dans les sources concernant Claire, alors que pour François les références sont proportionnellement plus nombreuses. Infiniment délicate certes dans son amour pour Dieu, Claire aurait-elle été moins scrupuleuse que son Père spirituel ?

Le péché, la tentation, elle savait bien les détecter chez ses sœurs à leur symptôme, la tristesse. Quel remède plus efficace alors au « mal babylonien » qu'un redoublement d'amour pour la pauvre victime ? « Elle l'appelait en particulier et prenait part à sa peine en pleurant avec elle

Sainte Claire tenant un lis et le livre de la Règle : *En pureté de cœur, vis heureux et meurs sauvé.* (Fer à hosties, 1553. Rome, museo francescano.)

et en la consolant. Elle se mettait parfois aux genoux de celles qu'elle voyait envahies par la douleur et elle leur prodiguait ses caresses maternelles pour alléger leur chagrin », jusqu'à ce qu'elles aient retrouvé la joie du Salut.

Mais chez Claire elle-même, aucun péché ? Un oui permanent à Dieu ? Balvina, sa nièce, « avait la conviction que depuis la Vierge Marie aucune femme n'avait eu plus de mérite que Madame Claire ». Quoi qu'il en soit, Claire, comme ses sœurs, se confessait au moins douze fois l'an. Nous ne saurons rien de plus.

Elle a pourtant eu au moins une fois dans sa vie à lutter contre une terrible tentation, quitter Saint-Damien. Le 16 janvier 1220, cinq frères mineurs furent tués à Marrakech pour le nom du Christ. Claire en fut profondément ébranlée et voulut partir mourir elle aussi chez les païens. Qui l'y fit renoncer ? Les sœurs bouleversées ? François ? Elle resta à Saint-Damien, martyre spirituelle et missionnaire immobile.

Le Mauvais s'attaqua plusieurs fois directement à Claire. Un jour il la frappa, lui laissant un œil injecté de sang et une joue toute bleue et noire. Une autre fois, sous la forme d'un négrillon, il lui prédit que ses pleurs la rendraient aveugle. Enfin il lui dit qu'elle risquait de voir « son cerveau lui couler tout en morve par les narines et de rester avec le nez tordu ! ». Claire ne perdit pas son temps à discuter, mais rétorqua : « On n'est pas aveugle si l'on voit Dieu... On ne souffre aucun tourment au service du Seigneur. »

On peut incidemment remarquer que ces entreprises diaboliques, quoique bien peu subtiles, visaient toutes le beau visage de Claire. On peut aussi comparer le style châtié de ses réponses, rapportées il est vrai par Celano, à celui plus cru conseillé par François lui-même dans un cas analogue à son cousin Rufin : « Quand le démon te dira encore : Tu es damné, tu lui répondras : Ouvre la bouche, pour que je fasse dedans ! »

Tant de vulgarité chez Rufin, tant de distinction chez Claire ! Scandalisé, dégoûté, dans les deux cas le démon tourna les talons.

8. Mort de Claire

La pauvreté en héritage

Assise. Saint-Damien. Fin juillet 1253. Des trois baptisés de Saint-Rufin, François est mort en 1226, Frédéric II en 1250. Encore quelques semaines et Claire aussi quittera la terre.

Depuis vingt-huit ans elle est affligée de maux particulièrement douloureux. Il y a longtemps qu'elle ne se lève plus qu'avec peine, appuyée sur ses sœurs, comme au jour des Sarrasins. Elle passe ses journées sur sa paillasse, adossée, filant et priant. Elle écrit aussi ou dicte. Sa dernière lettre parviendra à Agnès de Prague après sa mort.

Elle a rédigé son *Testament*, destiné « aux sœurs bien-aimées présentes et à venir ». Dame Pauvreté, que peut-elle bien léguer ? La gratitude d'abord envers Dieu pour tous les bienfaits dont il les a comblées et qu'elle rappelle depuis la prophétie de François restaurant Saint-Damien. Ensuite la pauvreté elle-même, et elle y insiste avec une énergie toujours aussi vivace. L'amour enfin, et là elle ne demande aux sœurs rien d'extraordinaire : visions, miracles, souffrances et joies spirituelles, tout peut être illusion. Elle leur demande seulement d'accomplir la loi chrétienne la plus commune et la plus haute : « Aimez-vous les unes les autres de l'amour dont le Christ vous a aimées. Cet amour manifestez-le au-dehors par des actes. »

Elle décline et est veillée en permanence par ses filles au cœur brisé et par les frères les plus chers, Ange, Léon, Genièvre qui consolent les autres en pleurant à chaudes larmes. Comme jadis pour François mourant, ils lisent à Claire la Passion, et elle se la murmure à elle-même.

Dix-sept jours se passent ainsi où elle ne s'alimente plus. Elle devrait déjà être morte, elle y aspire et en même temps semble s'y refuser. Et comment laisser ses filles quand le pape n'a pas encore confirmé sa Règle, approuvée un an auparavant par le seul cardinal Raynald ? Innocent et les cardinaux voyagent bien loin d'Assise, ils sont à Lyon, puis à Rome. Ils finissent pourtant par arriver à Pérouse, Raynald apprend l'état critique de Claire et se précipite aussitôt pour revoir son amie, bientôt suivi d'autres cardinaux et prélats.

Enfin dans un grand chatoiement de couleurs et de bruits Innocent lui-même arrive à Saint-Damien et déploie dans ses pauvres murs toute la splendeur du rituel pontifical. Dans l'obscurité du dortoir éclairé de flambeaux, il se penche vers Claire. Elle tient à baiser non seulement sa main, mais son pied, dans un acte de foi et de vénération pour son Seigneur pape. Pour la dernière fois elle confesse ses « péchés », il lui donne en soupirant l'absolution pleine et entière et sa bénédiction la plus large. Lui parti et Claire ayant reçu le Corps du Christ elle dit aux sœurs sa joie d'avoir le même jour reçu la visite du Très-Haut et celle de son vicaire, manifestant ainsi une fois encore son réalisme spirituel.

Comment Innocent pourrait-il lui refuser plus longtemps son vœu suprême ? Le 9 août un messager accourt de Pérouse, chargé de la Règle enfin revêtue du sceau pontifical. Victorieuse, sûre de l'avenir de ses filles, Claire peut laisser les choses de la terre et se tourner vers l'au-delà.

Pretiosa

Dernières paroles du crépuscule. Philippa et Benvenuta l'entendent dire à son âme : « Pars en paix, en toute sécurité, tu auras une bonne escorte, car celui qui t'a créée t'a aussi sanctifiée, il a mis en toi son Esprit Saint, et t'a toujours regardée comme une mère regarde son tout petit enfant, *lo suo figliolo piccolino.* »

Elle dit encore : « Sois béni, Seigneur qui m'as créée ! »

A Agnès, elle murmure : « *Pretiosa in conspectu Domini mors sanctorum ejus.* Précieuse aux yeux du Seigneur la mort de ses saints ! » C'est le verset qui terminait chaque matin au chœur la lecture du martyrologe, et qui lançait la journée de prière et de travail. Non que Claire se « canonise » elle-même : elle se range seulement à la suite de ses aînés, avec l'humble certitude d'être sauvée. Elle sait bien que son Créateur l'aime et qu'il l'a comblée de grâces ! Pas plus à ces heures dernières que dans toute sa vie elle ne manifeste le moindre doute sur cet amour de Dieu. Un amour rendu « avec quel élan passionné du corps et de l'âme ! ».

Le Roi, la Reine et les filles de rois

Premières visions de l'aurore, avant le grand soleil de la Révélation. Le vendredi avant sa mort elle dit à Aimée : « Vois-tu le Roi de gloire que j'aperçois ? » Puis c'est Benvenuta qui, ce même vendredi à la tombée de la nuit, voit — et elle précise bien aux juges que c'est « avec les yeux de sa tête », et qu'elle est éveillée et bien éveillée — « une grande multitude de vierges vêtues de blanc et couronnées », qui entrent auprès de Claire. La plus belle de toutes porte sur la tête une couronne ajourée qui lançait de tels faisceaux de lumière que la nuit de la chambre se trouvait changée en jour radieux. Le cortège céleste approche du lit de Claire et la Vierge des Vierges recouvre le lit et la malade d'une gaze très fine et transparente. Puis elle incline son visage et se penchant affectueusement embrasse Claire avec tendresse, tandis que ses compagnes la revêtent d'une robe splendide et jonchent son lit de fleurs.

La fin de François avait eu toute la solennité tendue d'une liturgie pascale. Jeudi saint du pain partagé et de la grande louange de Dieu par, pour et avec ses créatures. Vendredi du dépouillement, de la couche de cendre et du psaume : « A pleine voix je crie vers le Seigneur... Sors-moi de ma prison pour que je célèbre ton nom ! » Pour la mort de Claire, on le voit, ce sont les habitants du ciel eux-mêmes qui semblent célébrer avant l'heure la liturgie. Liturgie toute de tendresse et de splendeur, celle des vierges : « On l'introduit auprès du Roi, suivie des vierges ses compagnes... Des filles de rois sont là en ton honneur et la Reine se tient à ta droite, parée de tissus d'or et d'étoffes aux mille couleurs. »

Tout étant prêt à Saint-Damien et en Paradis, Claire peut enfin partir vers « la santé qui n'aura pas de fin ». « Va confiante, allègre et joyeuse... » écrivait-elle jadis à Agnès de Prague. Ainsi va son âme, entraînée par sa splendide escorte, pendant que tous pleurent autour de son pauvre corps exténué. Le 11 août, quand Assise s'éveille pour fêter saint Rufin, son patron, Claire rend à Dieu son âme heureuse et passe de l'autre côté du miroir.

Douleur, et quelle douleur ! — et envahissement immédiat de Saint-Damien. Assise tout entière accourt, podestat en tête avec soldats et gendarmes qui vont monter la garde autour de leur précieux trésor : le vol des reliques est de toutes les époques. Le lendemain 12 août c'est la cérémonie des funérailles présidée par le pape entouré de ses cardinaux. Déjà les frères entonnent l'office commun des Morts quand Innocent leur demande de chanter celui, solennel, de la fête des Vierges, anticipant ainsi sur une canonisation à venir. Mais, tout aussi ému et tout aussi certain de la sainteté de Claire, le cardinal Raynald est plus circonspect : il obtient que l'on s'en tienne à l'office des Morts : « Donne-lui Seigneur le repos éternel et que sur elle brille sans fin la lumière ! » Et c'est lui qui prêche sur le thème « Vanité des vanités ! », devant la civière de Claire, la cour pontificale, la foule, les frères et les pauvres sœurs qui avec Claire ont renoncé à tout sauf à avoir un cœur.

Ce cœur va être encore une fois brisé : on leur ôte le corps de leur Mère pour lequel Saint-Damien n'est pas un asile sûr. Par le même chemin que celui de François, on emporta donc Claire au chant des hymnes et au son des trompettes vers l'église Saint-Georges, où le petit Pauvre apprit jadis à lire et où son corps reposa en attendant sa sépulture définitive. Les moniales y retrouvèrent d'ailleurs rapidement les restes de leur Mère, mais au prix d'un autre crève-cœur : la communauté dut quitter

Saint-Damien pour Saint-Georges, devenu basilique Sainte-Claire et châsse de la sainte dépouille, que l'on y vénère toujours. Ces pauvres restes, que sont-ils devenus en sept siècles ? « L'albâtre de son corps », « l'aubépine au printemps » du lyrique Celano, où sont-ils ? Quand Claire ressuscitera elle aura retrouvé le beau visage pur de son adolescence.

« *Fille de Sion, réjouis-toi !* »

Trois mois passèrent, une nouvelle abbesse fut élue, Benedetta, et l'on commença le procès de canonisation. Les quinze religieuses témoignèrent à Saint-Damien même. Parmi les juges et auditeurs désignés figuraient les frères Léon et Ange, fidèles de Claire comme de François, et Marc, chapelain des sœurs. Quant aux cinq laïcs, ils furent interrogés à Assise dans l'église Saint-Paul. L'unanimité était prévisible. Restait à Dieu de la confirmer par des miracles. Des malheureux, il n'en manquerait jamais autour d'Assise pour invoquer Claire, et Claire en Paradis en conserverait toujours le souci. Les miracles requis eurent donc lieu et Celano en dressa le catalogue. Boiteux, fous, aveugles, épileptiques, victimes des loups, Celano nous les montre tous, y compris le petit de cinq ans aux pieds trop faibles que ses parents promettent comme « homme-lige » à Claire s'il guérit. Un pareil vassal dut toucher le cœur maternel et courtois de Claire qui s'empressa de le faire trotter.

La canonisation eut lieu à Anagni le 15 août 1255. Innocent IV étant mort en 1254, c'est son successeur Raynald le fidèle, devenu Alexandre IV, qui proclama la sainteté de Claire et la donna comme modèle à la chrétienté. Dans l'étincellement d'images de la bulle de canonisation, on peut entendre l'ami qui se souvient de l'être lumineux et chaleureux de son amie :

> Clair Miroir, Brasier, Astre radieux,
> Pierre de fondation, Forteresse,
> Arbre à l'ombre fraîche, Vigne féconde,
> Source, Fontaine,
> Livre vivant !

Selon les recherches d'André Vauchez, pour onze religieux canonisés entre 1198 et 1431, on ne compte qu'une seule religieuse, et c'est Claire. C'est dire la marque laissée dans les âmes par cette pauvre petite femme rhumatisante enfermée plus de quarante ans dans un obscur couvent.

Peu après la mort de saint François un frère mineur rédigea une sorte d'apologue au titre intraduisible, le *Sacrum commercium*, qui présente sous une forme dramatique une réflexion sur la pauvreté.

On y voit François et les frères faisant alliance sur une montagne avec Dame Pauvreté et lui offrant un banquet. Banquet étrange : quelques morceaux de pain d'orge, quelques poignées d'herbe, de l'eau pour boisson, pour la sieste la terre nue et une pierre, pour cloître le seul panorama, splendide il est vrai, de l'Ombrie. Et les frères sont gais, débordants de joie et de sérénité, ils remercient Dieu pour ces bienfaits. Dame Pauvreté émue s'assied alors avec eux et leur dit : « Mes fils vous êtes bénis du Seigneur… Chez vous je croyais être en Paradis, unie à vous qui me rappelez le visage de Celui là-haut dont je suis l'épouse. Vous faites la joie des anges, vous faites la joie des apôtres, la joie des martyrs, la joie des confesseurs, la joie des vierges. Bref toute la cour céleste déborde d'allégresse ! »

Dans la symbolique franciscaine des premiers temps, Claire n'est pas Dame Pauvreté. Mais la prouesse du tournoi proposé : la joie dans le dépouillement, qui mieux que Claire l'a réalisée ?

Chronologie de sainte Claire

1182	Naissance de François Bernardone.
1190	3e croisade.
1194	Naissance de Claire, fille de Favarone di Offreduccio.
1200	Établissement de la Commune à Assise. Les Favarone se réfugient à Coccorano et Pérouse.
1206	Le crucifix de Saint-Damien parle à François.
1207	François restaure des églises, dont Saint-Damien.
1210	Prédication à Assise. Rencontres Claire-François.
1212	Vêture de Claire et installation à Saint-Damien.
1213	François demande conseil à Claire sur sa propre vocation.
1215	IVe Concile du Latran.
1216	Le Privilège de la Pauvreté est accordé à Saint-Damien.
1218	Règle du cardinal Hugolin.
1220	Martyre au Maroc de cinq frères de François.
1224	Stigmatisation de François à l'Alverne.
1225	Composition à Saint-Damien du Cantique des créatures.
1226	Mort de François.
1228	Canonisation de saint François.
1240	Incursion des Sarrasins à Saint-Damien.
1241	Siège d'Assise par Vital d'Aversa.
1247	Règle d'Innocent IV.
1253	9 août : approbation de la Règle de Claire. 11 août : mort de Claire. 24-29 novembre : enquête préliminaire à la canonisation.
1255	Canonisation de sainte Claire.

Papes

1191-1198 : Célestin III
1198-1216 : Innocent III
1216-1227 : Honorius III
1227-1241 : Grégoire IX
     1241 : Célestin IV
1243-1254 : Innocent IV
1254-1261 : Alexandre IV

Empereurs d'Allemagne

1152-1190 : Frédéric Ier Barberousse
1190-1197 : Henri VI
1197-1214 : Othon IV
1214-1250 : Frédéric II
1250-1254 : Conrad IV

Rois de France

1180-1223 : Philippe-Auguste
1223-1226 : Louis VIII
1226-1270 : Louis IX

Bibliographie

Le texte qui précède est basé sur les sources franciscaines primitives. Les plus récentes éditions françaises en sont :

Sainte Claire. Documents. Rassemblés, présentés et traduits par le Père Damien Vorreux, OFM, Paris, Éditions franciscaines, 1983.

Saint François d'Assise. Documents. Écrits et premières biographies. Rassemblés et présentés par les Pères Théophile Desbonnets et Damien Vorreux, OFM, 2ᵉ éd., Paris, Éditions franciscaines, 1981.

Le premier de ces recueils regroupe les propres écrits de sainte Claire : *Règle, Testament, Correspondance*, et des témoignages contemporains, entre autres :

1. le *Procès de canonisation*, c'est-à-dire les dépositions des témoins lors de l'enquête préalable commencée en novembre 1253, trois mois après la mort de Claire, la canonisation elle-même ayant eu lieu le 15 août 1255.

2. la *Légende de sainte Claire*, biographie officielle rédigée entre 1255 et 1260 par le franciscain Thomas de Celano, qui avait antérieurement rédigé celle de saint François.

Table

1. Place Saint-Rufin 7

Dans la maison de mon père 7
Les deux glaives 12
Jérusalem, Jérusalem! 13
Assise, Pérouse et la Commune 15
L'héritière 16

2. Hors les murs 19

Dieu en Ombrie 19
Le messager 20
Le message 24
« Elle est prise, la noble proie! » 25
La route de Saint-Damien 26
Le dimanche des Rameaux 29
« Je me lèverai et parcourrai la ville! » 31
« Ils m'ont frappée, ils m'ont blessée! » 32
« L'hiver est passé, c'en est fini des pluies » 34

3. Saint-Damien 37

Le palais du grand Roi 37
« Une branche d'aubépine au printemps » 38
« La chambre aux parfums » 40

4. La Règle de Claire 43

Le Privilège de la Pauvreté 43
La Règle d'Hugolin 47
La Règle de Claire 50
La Règle est le miroir des sœurs 51
La gattucia 54

5. Au parloir de Saint-Damien 57

Le pain et la parole 57
« Qu'il les enlève tous ! » 61
Le Seigneur pape 62
Merveilles, merveilles ! 64
Cette bonne ville d'Assise 66

6. Claire et François 69

La plante et son jardinier 69
Le cercle de cendre 72
« Les pauvres mangeront et seront rassasiés » .. 72
« Écoutez, pauvrettes, vous serez reines ! » 75
« Vous me reverrez » 76
Une lactation spirituelle 78
Frère François, saint François 82

7. Claire au miroir 85

« Regarde, Il te regardera » 85
« Salut à toi, Dame Pauvreté ! » 87
« Un Enfant nous est né » 88
Vidi aquam 90
Le Corps, le Sang et les Paroles 91
Claire et le Serpent 92

8. Mort de Claire 97

La pauvreté en héritage 97
Pretiosa 99
Le Roi, la Reine et les filles de rois 100
« Fille de Sion, réjouis-toi ! » 103

Chronologie de sainte Claire 106

Bibliographie 108

3ᵉ édition

Achevé d'imprimer le 11 mai 1994
dans les ateliers de Normandie Roto Impression s.a. à Lonrai (Orne)
N° d'impression : I4-0987. Dépôt légal : mai 1994